日本女性法律家協会70周年のあゆみ

～誕生から現在，そして未来へ～

日本女性法律家協会

司　法　協　会

まえがき

日本女性法律家協会は、一九五〇年（昭和二五年）の創立で、その特色は、裁判官、検察官、弁護士、法学者という、法に関連する全ての分野の会員を擁していることにあります。これまで当協会は、我が国における女性法律専門家集団として、司法及び法学並びに女性の地位に関する調査研究と法制定等に関する意見表明、会員相互の研修・親睦等のほか、国連NGO団体への参加、他の女性団体との交流、市民のための法律相談等の活動を続けてまいりました。

一九五八年に発刊された日本女性法律家協会の会報（当時は「婦人法律家協会会報」）第一号から二〇一九年の会報第五七号には、当協会の運営と様々な活動の内容や、会員が日々の仕事や家庭の出来事の中で経験し考えたことが収められており、それはさながら私どもの宝庫といえるものです。先例のない事案や未解決の法律問題に取り組み、奮闘して新たな判例や法の形成に貢献したこと、会員間や海外の法曹との和やかな交流の様子、子育てと仕事の両立など、数十年間の困難と喜びの交錯が生き生きと目前に迫ります。

そこで当協会は、会員の皆様にこれをお伝えしたく、二〇一九年に会報のデジタル化を実施すると共に、歴史アルバムの動画を作成して会員ホームページに掲載致しました。

そして二〇二〇年に創立七〇周年を迎えるにあたり、その記念事業の一環として、会報等を元に「日本女性法律家協会七〇周年のあゆみ～誕生から現在、そして未来へ～」と題する本書の出版をすることに致しました。本書は三部で構成されており、第一部では当協会の歴史をお伝えするため、会報より女法協の誕生からの軌跡を辿り、第二部では特に最近一〇年間の活動内容に焦点を当て、第三部では当協会の未来に向けて、多方面で活躍する女性法律家から、法曹を志す若い方々へのメッセージを新たに加えています。

今回の出版に際しましては、何分にも準備期間が限られていたことなどの諸事情により、ご執筆の皆様にはご無理をお願いし、また会報に収められた重要な事柄を十分に反映することができなかったことをお詫び致しますと共に、一人でも多くの皆様にご高覧頂き、今後も当協会がその役割を遂行しさらに発展することができますように、皆様から忌憚のないご意見を賜りたく、何卒宜しくお願い申し上げます。

本書の刊行にあたり、その基礎資料となった会報のデジタル化等にご尽力された深道祐子弁護士、本企画をご提案下さった原若葉弁護士、温かく細やかなご指導を頂いた司法協会の井上修専務理事及び川端素子出版事業部長に、心より厚く御礼を申し上げます。

二〇二〇年五月

日本女性法律家協会

会　長　野崎　薫子

執筆編集者　第一部　井上　匡子

同　第二部　松野　絵里子

福島　かなえ

同　第三部　福崎　聖子

岩元　惠

目次

第二部　現在の活動　～60周年から70周年まで～

第三部　日本女性法律家協会の未来　～多分野で活躍する女性法律家たち～

特別寄稿

法曹を志す皆様へ

第 1 部

誕生からの軌跡

～誕生から 60 周年まで～

第一章　はじめに……『会報』とともに

日本女性法律家協会（以下「女法協」という。）は、女性の弁護士、裁判官、検察官、法律学者から構成される会員九〇〇名からなる全国組織の団体です。女法協は一九五〇年（昭和二五年）、ＧＨＱの法務部にいたアメリカ合衆国の女性弁護士メアリー・イースタリングの示唆を受け、一〇余名で設立されました。ちなみに、日本に初めて女性法曹（女性弁護士三名）が誕生したのは、その十年前、一九四〇年（昭和一五年）のことでした。

……と、事実を書けばたった二〇〇文字弱。でも、設立の際や、その後の展開の中で、いろいろな想いやドラマがあったはずです。もちろん、当協会の歴史、また女性法曹の歴史に関しては、学術的な書籍など様々な書籍や論文が発表されています。詳細な事実や数字や、客観的な分析は、それらの先行業績（注１）におまかせして、ここでは、女性法曹たちの生の声や感動、力強い言葉の影に見え隠れする戸惑いの数々を、女法協の大いなる成果である五七冊の『日本女性法律家協会会報』（以下「会報」という。）の中から拾い出してみたいと思います。七〇周年という記念の年に、先輩たちの業績に敬意を払い、想いを致すだけではなく、様々な意味で曲がり角に立つ現在のわたしたちが、これからの「女性」法曹のありかた、女法協の進むべき道を考える縁（よすが）としたいと考えたからです。

毎年、世界の各国の男女間の不均衡を示す指標として、世界経済フォーラム（World Economic Forum）からジェンダーギャップ指数が発表されます。二〇一九年には過去最低の一二一位となりました。この指数は、経済、教育、保健、政治の四分野一四項目における男女格差の状況を指数化し、順位をつけたものです。もちろん、主要七カ国（G7）では最下位です。その大きな原因が、意思決定への参画やリーダー層の男女比です。

（注1）紙幅の関係で個々の業績について紹介することは控えますが、我が国においても、女性法曹研究は一定の厚みをもって行われています。その他、日本弁護士連合会両性の平等に関する委員会編『女性弁護士の歩み』（明石書店・二〇〇七年）。また、佐賀千恵美会員のご著書『華やぐ女たち　女性法曹のあけぼの』（金壽堂出版・二〇一三年）は、インタビューも含め、当時の様子がビビットに伝わってきます。内容については、本書五二頁をご参照ください。清永聡著『家庭裁判所物語』（日本評論社・二〇一八年）は、直接には女性法曹をテーマとしたものではありませんが、女法協の

誕生の経緯や、女性法曹の草分けの皆さんのご活躍が描かれています。

「管理職ポジションに就いている男女の人数の差」が一三一位で世界平均よりも低く、政治分野の小項目の評価では、「国会議員の男女比」一三五位、「女性閣僚の比率」一三九位、「過去五〇年の女性首相の在任期間」七三位と大きく平均を下回っています。

そのような中で、司法界は、比較的女性の参画が進んでいる分野として、内閣府の男女共同参画白書でも評価されています。最新版の白書（令和元年版）では、「裁判官、検察官（検事）、弁護士に占める女性の割合は、いずれも着実に増加しており」、司法試験合格者に関しても、「女性の割合は、平成四（一九九二）年以降はおおむね二～三割で推移してしていること、法科大学院でも、平成三〇（二〇一八）年時点で女子学生が三一・三％と三割以上を占めていることなどから、「今後の司法分野での女性の更なる参画拡大が期待される」と評されています。

一昨年、医学部における女性受験者・多浪受験者への差別が明らかになり、法廷も舞台とした大きな社会問題（注2）となり、日本社会では男女平等は根づいていないことが明らかとなりました。そのような中、司法での女性参画の進展は、それ自体として誇るべきことですし、諸先輩方の様々な努力の結果であることはいうまでもありません。

しかし、価値の多様化とともに、差別の構造が複雑化する中で、女性法曹の社会的な役割に想いをはせるとき、一見すると順調に見える司法界の女性参画の影で、三人から始まった女性法曹誕生の頃や、文字通り少数者として様々な壁と戦ってきた時代とは異なる形での壁にぶつかっているようにみうけられます。ここでもう一度、原点にもどり、女性法曹の果たすべきこれからの役割について、また女法協という団体の意義について、考える手がかりとしたいと考えました。女性法曹の新しい場面を切り開いている会員のみなさんの多彩なご活躍の様子（第二部・第三部）と合わせてお読みいただき、その具体的な将来像を、私達と一緒に描いていただければ、望外の喜びです。

（注2）二〇一八年に発覚した東京医科大学での入学試験の得点操作による差別事件。その後、文部科学省の調査を経て、東京医大の他、順天堂大・昭和大・北里大など八大学が得点操作をみとめ、追加合格させた。第三部の山崎弁護士（東京医大・順天堂大に関わる訴訟の代理人）の文章（二四二頁）もご参照ください。

第二章　『会報』の発刊と「女子修習生任官に関する要望書」

『会報』の第一号は、女法協発足の八年後の一九五八年一〇月に発行されています。発刊のことばは、久米愛会長です。力強く高らかに綴られています。

「永い間懸案になっていた日本婦人法律家協会（注３）の会報発行がいよいよ実現して第一号が皆様にお目見えすることになりました。七、八名の裁判官、弁護士そして大学で法律を教えている者が集って、日本婦人法律家協会が誕生したのは一九五〇年の秋でした。現在では八五名の会員を持ち、関西には支部も組織されたという立派な団体になりました」。

「婦人の地位の真の向上や、男女平等の実現そして人間の尊厳の維持が、経済的独立を度外視してありえないことを思う時に、職業人の集まりである私達協会の存在意義は随分大きいと自負して良いと思います。又法律学によって訓練された私達の精神が社会の進歩に貢献しているという誇りを持って良いと思います」。「私は、毎年若い会員の方がふえてゆきその方々にお会いして話し合う度に、二十数年前に、私達が戦ってきた事が当然のこととして受け入れられているのを感じて、社会の逆行とか反動とか女は家庭に帰るべきだというような声にもかかわらず、社会は進歩していることを信じないわけにはいきません。そして私達のそして女性全体の将来に楽観的にならざるを得ません」（『会報』No.1）。未来への確信に満ちた言葉です。

しかし、この力強い言葉に若干の留保として述べられている「逆風」の証左として、この年の二月に、左記に掲載の要望書が提出されています。

要望書

憲法によって法の下の平等が確立して以来十年、私達女性は性別により差別されない平等の権利の享有の実現に努力してまいりました。司法の分野におきましても裁判官、検察官、弁護士の職につき今日におよんでいますが、その数は微々たるもので、決して満足すべき状態とはいえません。しかし、司法試験に合格する女性の数は漸増し、この方面における女性の進出はまことに期待すべきものがあると思います。

ところが、逆コースの傾向が昨今社会の各方面に現れはじめたと憂慮される折から、法務省では二、三年前より女子の検察官を採用しないことに内定し、裁判所でも次第にこれを制限する方針であるという声をきくようになりました。憲法の番人である裁判所や法務省が職員の採用にあたり性別による差別をされるとは到底信じられません。

これは司法部内の一部反動的な人々の個人的発言から生じた風説にすぎないとは思いますが、女子修習生がかかる風説に動揺を受け、任官志望につき消極的態度を余儀なくされている事実を見逃すことはできません。

このときにあたり、裁判所や法務省におかれましては、あくまで憲法上の権利を保障するものであって、このような風説が何等裁判所や法務省の見解ではないことを明確にし、且つ、女子の任官志望者に対して全く男子と同一の基準により採用を決せられることによって、右の誤解を一掃されるよう、日本婦人法律家協会としてここに要望する次第であります。

一九五八年二月

日本婦人法律家協会会長　久米　愛

最高裁判所長官　田中耕太郎殿

法務大臣　唐澤　俊樹　殿

この要望書は女法協の原点の一つと言えます。女子修習生の進路という具体的な課題に取り組んでいるというだけではなく、要望書の内容からみても、「風説に動揺をうけ、任官志望につき消極的態度を余儀なくされ」というあたりは、ジェンダー差別の構造の中でいかにして平等を実現していくのか、という現在の私達の課題とも共通しており、まったく色あせていません。

この要望書に関しては、鍛冶千鶴子会員の同号に寄せられた次の言葉から、最高裁や法務省からのなんらかの返答があったことが、伺えます。「裁判所や検察庁が女子の判・検事の採用を制限する方針であるという風説をきくに及び、本会では本年初、最高裁判所と法務省に要望書を提出し、一切の差別をしないことの確約をえた」（『会報』No.1）。また、女法協設立二十周年の『会報』No.12で久米愛会長は巻頭言の中でも、「毎年、最高裁判所や検察庁と話し合いをして、ややもすれば婦人の任官を避けたがる裁判所、検察庁の傾向をためるのに努力してきた」と述べ、一九八〇年女法協の三十周年の会報の巻頭言では三淵嘉子会員は、「最高裁判所や法務省、日弁連へ差別撤廃のために当協会が厳重に申し入れを行ったり、柔軟な話し合いの場を作ったりした」（『会報』No.19）と述べられており、継続的な交渉・協議が続けられていたことがわかります。昭和四五（一九七〇）年には、裁判官採用問題に関して、新聞誌上に報道された当時の人事局長の談話をめぐり、さらに具体的な形で問題点を指摘し、抗議をするとともに、善処を求める要望書が手渡されています。（写真①）

『会報』No.12）その後、協会総会での若手弁護士の発言をきっかけとし、昭和四六（一九七一）年に弁護士約十名からなる「任官差別に関する調査委員会」が発足しています。十数回の会合の後、各期の女性任官状況調査や実態調査を実施し、そして女法協会長（久米

写真①

要望書

私ども、日本婦人法律家協会は、婦人の弁護士、裁判官、検察官、法律学研究者約三〇〇名をもって組織された婦人の法曹団体で、国連の経済社会理事会の諮問機関である非政府団体N・G・Oに登録している国際婦人法律家団体に加盟しており、設立以来三〇余年、常に、婦人法律家の地位向上を目的として今日まで活動を行ってきており、とくに、女子司法修習生の裁判官採用問題は、全会員の関心をあつめております。

ところで、最近女性裁判官採用問題について、女性裁判官は採用したくない旨の最高裁判所事務総局矢崎人事局長の談話が新聞紙上に報道されたほか、女性裁判官を採用したくない理由として、女性が資質的に裁判官としての適格に欠ける趣旨の同局桜井任用課長の談話が週刊誌に発表されております。その不適格の理由として、①生理休暇や出産休暇を取るため男の裁判官に仕事がシワ寄せされる。②性犯罪や暴力事犯は女性裁判官に担当させたくない。③現場検証が山奥などの場合、不向きである。④公安事件の物情騒然の際、つるし上げが恐ろしくて、その前日泣き出してしまった女の裁判官がいる。⑤辺地の支部長として男の職員を部下として掌握し、一人で切りもりすることができない。⑥既婚の女性裁判官について夫婦が同居できるような任地を配慮することが難しい、ことを指摘しておられます。

当協会は、独自の調査を行なった結果、新聞、週刊誌等に発表された内容の発言が、事実、最高裁人事当局者によってなされたこと、しかも、桜井課長の発言に含まれる事実には全く無根であるものや、不確実な情報に基くものがあることを、確認致しました。

法曹の一員として、私どもは、憲法上保障された男女平等の権利を擁護すべき責務を負う最高裁判所の当局者が、自らその責務を放棄し、婦人法律家の地位を侵害する趣旨の発言をされたことに驚愕すると同時に、当局者によるかかる見解の表明の及ぼす甚大な影響に想いを致すとき、看過し得ない重大な問題と考えます。

そこで、まず、前記、矢崎局長、桜井課長の各発言に対する当協会の見解を述べさせていただきます。

まず、矢崎人事局長の発言は、法の下における男女の平等を保障する憲法一四条に明らかに違反する違憲の発言というべきであり、しかも、国連の人権規約や婦人の差別撤廃に関する一連のI・L・O条約によって明らかな、女性の職業進出を促進しようとする世界的傾向に背を向けようとするもので、まことに遺憾というほかはありません。

次に、桜井課長の具体的発言中、①の点について言えば、同課長も当協会の調査に対し認められたように、生理休暇をとった女性裁判官は皆無であります。

ひるがえって、生理休暇、出産休暇を労働基準法が認める制度の趣旨、ならびに、男女の生理的差異をふまえたうえにおける、法の下の平等を規定する憲法一四条の解釈に立脚して考えますとき、すくなくとも、最高裁判所において、生理休暇、出産休暇をもって女性裁判官の採用拒否の理由とすることの許されないことは、多言を要しないところでありましょう。

前述②および③の理由については男子と同等の司法試験に合格し、かつ男子と同等の司法修習を終えている女性裁判官である限り、全く杞憂に過ぎないというほかはありません。

次に、④の理由については、果して、事実、そのような事情があって、そのため職務怠慢があったのか、談話内容自体必ずしも明確でないばかりか、事実調査によっても、遂に確認することができませんでした。また、⑤の人事行政上の配慮には、当協会としても、一層の御努力を期待するものであります。

以上の最高裁判所人事当局者の、無根の事実あるいは、不確実な情報に基く不用意な発言は、司法の一翼を背負って日夜職務に精励している全女性裁判官、否、法曹の一員である全婦人法律家に対する重大な侮辱であるばかりでなく、女性裁判官に裁判を受ける国民の、司法に対する信頼を失なわせ、かつその尊厳を著しく傷付けるものといわざるを得ません。

よって、ここに、婦人法律家協会としては、最高裁判所事務総局人事当局者の不用意な各発言に、強く抗議するとともに、最高裁判所長官の善処を要望する次第であります。

昭和四五年一二月一六日

日本婦人法律家協会

会長　久米　愛

最高裁判所長官殿

愛）・三淵嘉子裁判官とともに、委員会メンバーが検事総長・最高裁人事局長と懇談の上、申し入れをしたと記録されています。（『会報』No.13）

それから約三〇年後、平成一二（二〇〇〇）年の「検察官任官における『女性枠』を考える修習生の会」による問題提起や、それを受けて平成一三（二〇〇一）年に出された日本弁護士連合会からの「森山法務大臣に対する検察官任命に関する要望書」を振り返るにつけ、この問題が根深いものであったことは想像に難くありません。現在の検事任官の女性率からすると隔世の感を禁じえませんが、そこに至る道の困難さに想いを馳せるとともに、要望書やその後の活動の中にあらわれている差別構造の複雑さについての問題認識の的確さに驚かされます。やはり一九五八年に出された要望書は、女法協の原点の一つとして位置づけ得る大切なものと思います。発足間もない一九五八年の第一号の『会報』にこの要望書が掲載されていることの意味を噛み締めたいと思います。

（注3）女法協の平成七年（一九九五年）以前の名称です。第一部では、改称以前に関しても、現在の名称である日本女性法律家協会（女法協）と記します。また、会報からの引用の際には、一部旧仮名遣い・旧字体を新仮名遣い・新字体に変更しています。

第三章　女性法曹の誕生

さて、一九五〇年の女法協の設立の前に、大切な前史があります。『会報』No.12に渡辺道子会員が、わかりやすくまとめた記事を寄せています。渡辺会員の言葉をかりつつ、女法協の原点のひとつとして確認します。

昭和一三（一九三八）年に日本で初めて三人の女性が高文（高等文官試験）に合格したというニュースは、写真入りで華々しく報道されました。そもそも女性が法律を学ぶのは珍しいことだったし、高文の試験といえば、試験のうちでも最難関とされていたからです。

「当時の日本は、すでに中国大陸で戦火をひろげ、議会では、議員の発言を陸軍軍人が『だまれ』と一喝する暗い時代」のなかで、婦人弁護士誕生のニュースは、「いちだんと明るく人々にうけとめられた」。ご存知のように、久米愛、三淵嘉子、中田正子の三氏が婦人弁護士の第一号です。お三人は、戦前女性が学べる唯一の明治大学専門部女子部の同窓であり、創立時より長期間にわたり女法協の屋台骨をささえてこられた面々です。

女性弁護士の誕生がニュースになるのは、それ以前はその道が閉ざされていたからですが、それは明治二六年五月施行された最初の弁護士法第二条の以下の規定が、厚い壁として存在していたからでした。

弁護士法第二条
弁護士タラムト欲スル者ハ左の条件ヲ具フルコトヲ要ス
第一、日本臣民ニシテ民法上ノ能力ヲ有スル成年以上ノ男子タルコト

その後、大正デモクラシーの影響の中で男女差別撤廃の動きの中、前述の規定を改正しようとする動きが出てきました。大正一一年一〇月一六日には、弁護士法改正調査委員会が設置されました。この委員会が答申した弁護士法改正綱領の中で、女性弁護士の道が開かれました。

改正綱領の第三条
弁護士タルニハ左の条件ヲ具フルヲ要ス
一、日本臣民ニシテ民法上ノ能力ヲ有スル者ナルコト但シ妻ナルモ妨ナシ

同十二条
弁護士ハ其ノ入会スル弁護士会ヲ経由シテ司法大臣ニ登録ノ請求ヲ為スベシ
妻ガ前項ノ請求ヲ為スニハ夫ノ許可ヲ受クルコトヲ要ス

妻が法的無能力者であった旧民法のもとでは、特定の行為をなすには夫の許可を必要とされていたためにこのような規定が必要とされました。

この改正綱領を基にして、改正弁護士法が昭和八年五月一日公布、同一一年四月一〇日施行されています。そこでは、弁護士の条件にかかわる第二条は次のように規定されています。

第二条　左の条件ヲ具フル者ハ弁護士タル資格ヲ有ス
一、帝国臣民ニシテ成年者タルコト

渡辺会員は、改正綱領の「今読めば吹き出したくなるような奇妙な規定から、このすっきりしたものになるまで、どのような議論が戦わされたのか。記録が戦災で焼けてしまったために、知るすべもないのは残念なことである」と感想をのべられています。

ともあれ、女性が弁護士となる道が開け、前述の三人の女性弁護士が誕生したわけです。ところが、もう一つ厚い壁が残っていました。大正一二年に施行された高等試験令による司法科試験に合格した者は、誰でも裁判官・検察官・弁護士になれるはずでした。しかし、実際には女性は弁護士にはなれても、判事・検察官にはなれませんでした。前記弁護士法とは異なり、判事・検事は成年の男子に限るなどの明文規定は存在しませんでしたが、「女性を受けつけぬ不文律が、厳然と存在していたらしい」のです。この不文律は「戦後の改革の時まで生き続け」ました。

そして、ようやくにして昭和二四（一九四九）年、石渡満子会員が初の女性裁判官として、ついで三淵嘉子会員が第二号として任官し、門上千恵子会員が最初の女性検事となりました。（ここまで、引用はすべて『会報』No.12,p12-13）

女性裁判官第一号の石渡満子会員は、定年退職に際し当時を振り返り、ご自身は「機会にめぐまれた」とおっしゃりつつ、「終戦前は当時としては当然とされていたのですが、婦人は高等文官試験司法科に合格しても、裁判官・検察官にはなれず、立派な成績で試験に合格された婦人の諸先輩が弁護士となっておられたことは、当時司法試験を志して勉強していた私の痛憤事でした」「男女の平等ということから、人間としての本質的な課題である家庭生活が軽視され、そのことに考慮が払われないために屡々女性がその地位から後退させられているのではないか」会報No.11,p4）と述べられている。

　明文規定がないのにも関わらず続いていた女性差別は、司法界の保守性というだけではない様々な問題を含んでいます。その根深さにため息をつくだけではなく、現在日本で主として雇用の場面を中心に理論化が進められている「間接差別」概念の展開や、一昨年明らかになった東京医大の入試差別やそれを取り巻く議論に鑑み、女法協の原点を物語るものの一つとして大切にすべきと思います。

第四章　日本女性法律家協会の誕生の頃

　女法協は一九五〇年、前掲の久米愛会長の力強い発刊の言葉のわずか八年前に誕生しました。この発足当時の様子については、それに先んじる女性法曹の誕生の経緯とともに、女法協二〇周年、三〇周年『会報』に資料とともに、詳しく紹介されています。

　英語で書かれた第一回会合の議事録（写真②）に書記として署名をしている野田愛子会

員の言葉によると「私ども、婦人法曹が、日本婦人法律家協会 Japan Women's Bar Association の名のもとに、集まるようになったのは、記録にあるように、昭和二五年八月一三日の第一回会合以後のことです（注4）。当時、日比谷富国ビルにGHQの法務部があり、そこにアメリカの婦人弁護士イースタリング女史（注5）がおられ、女史のおすすめで、第一回の会合が持たれたのです」（『会報』No.13,p8）。

（注4）残されている議事録には、September とあることから、おそらく、これは九月のことと思われます。あるいは、正式な会合に先立ち八月一三日に、非公式な形での会合が行われたということかもしれません。『会報』全体を通じて、女法協の創立・誕生を一九五〇年の八月、九月、一〇月とする記述がみられます。これは、どれかが正解で、どれかが間違いということではなく、それぞれ何を創立・設立と考えるか、ということのようです。設立（創立）メンバーの皆さんも、このあたりは気にされているのか、創立四〇周年の年の『会報』No.28に掲載されている鼎談「女性法曹と協会のあゆみ」（出席者は渡辺道子会員・野田愛子会員・鍛冶千鶴子会員）の中で、会長などを選任した九月一三日は会の発足とし、会としての組織を整え、規約を作り正式に設立・創立されたのが一〇月末と、確認されています。また、メンバーの数も発足

写　真　②

婦人法律協会発足の記録

The first meeting of the Japan Women's Bar Association was held Wednesday 13 September 1950 at the Teikoku Building. There attended this meeting the following members: Mrs. Ai KUME, Miss Mie WATANABE, Mrs. Yoshiko WADA, Mrs. Mitsuko ISHIWATARI, Miss Yoshie TATEISHI, Miss Shizuko NISHIZUKA, Miss Yasuko HITOMI, Mrs. Helen LAMBERT, Mrs. Aiko NODA, Mrs. Chieko KADOWAKI, Miss Michiko O. WATANABE.

Mrs. Mary Easterling, of SCAP's Legal Section, read a letter from Dr. Rosalind G. Bates of the International Federation of Women Lawyers outlining the procedure to be followed to permit the members of the Japan Women's Bar Association to join the International Federation of Women Lawyers.

The following officers were elected at the first meeting:

President: Mrs. Ai KUME
Vice-President: Mrs. Yoshiko WADA (also V.P. for International Federation of Women Lawyers)
Sec.-Treas.: Mrs. Aiko NODA
Public Relations: Mrs. Tom LAMBERT (Helen G.)

Dr. Oppler addressed the group of women lawyers and stressed the importance of the women's role in the democratization of Japan. He stated that the women lawyers must be alert to guard civil rights for women.

Mrs. Mary Easterling was elected by the group to continue negotiations with the International Federation so the members of the women's bar could become affiliated with that association, and to make plans for Drafting the Rules of Professional Conduct and By-Laws for the Japan Women's Bar Association.

The Secretary-Treasurer was instructed to put in the Minutes that the Bar Association of Women was formed with the approval of the Supreme Commander for the Allied Powers and the Supreme Court of Japan.

Mrs. Aiko Noda
(Mrs.) Aiko NODA
Secretary-Treasurer

September 13, 1950
Tokyo Japan

昭和27年秋　東京会館にて

7

当時は一〇名、その後の正式設立時には一五名ということのようです。

（注5）イースタリング女史と女法協の関わりは大変深く、設立後も協会の集まりには必ず出席し、会の運営だけではなく、日本女性と米人男性の離婚事件やその間の子どもの問題など具体的な事件対応に関しても、示唆をいただいていたようです。（『会報』No.19 p.19）

「当時活躍しておられた久米さん、和田（三淵）さん、渡辺道子さんなど日本の婦人法曹全員にアメリカにこういう婦人法律家の会があるが、日本でも作ったらどうかと声をかけてくださったのです」。「それまで日本の婦人法律家達は個人的には改正民法や家庭裁判所の啓蒙活動のため、それぞれ幅広い活動をしていましたが、婦人法律家の会をつくるという共通の目的で、一堂に会したのは始めてだったと思います」（『会報』No.19,p18）と紹介されています。

発足の第一回会合（一九五〇年九月一三日）では、初代の会長に久米愛、副会長に和田嘉子、書記に野田愛子が選任されました。加えて、渡辺美恵子（戦前の高等文官試験行政科を通った唯一の女性）、石渡満子（司法修習一期の裁判官）、立石芳枝（女性初の法学博士号の取得者、後に明治大学教授）、西塚静子（当時は法務省）、人見康子、門上千恵子、渡辺道子の皆さん、それからアメリカ人弁護士のヘレンランバート婦人の一一人が第一回の会合の参加メンバー、つまり発足のオリジナルメンバー、全員が二〇代・三〇代です。

その後、元の最高裁図書館の下の食堂などで、何回か集まって規約をつくり、組織をつくっていきました。「何しろ人数が少ないから電話一つで集まってくるという親密な雰囲気でしたね。心情的には肩寄せ合って励まし合い、また当時の社会的背景もあり、大いに男女平等実現に頑張ろうというのが共通の意識だった」とのことです（『会報』No.19,p19）。

規約づくりに関しては、当時設立されたばかりの日本法律家協会の規約や、ＹＷＣＡの会則を参考に、東大の兼子一先生なども毎回ご参加の上、ご意見をくださったようです。

第一条協会の目的に関しては、当初案では「婦人の地位向上と……」としていたものを、兼子先生のご意見をうけ、議論の末、「婦人法律文化の発達……」とされました。欧米でも、Women and Law や Feminism Jurisprudence などが登場し、市民権を得るずっと以前に、「婦人法律文化」しかもその発達を目的として掲げていたことには、目を見開かされます。

創立の際の規約第一条に関して、鍛冶会員が「婦人法律文化の発達と会員相互の親睦をはかること」には、「戦前の差別的な法律文化を克服して、女性の観点から新しい法律文化の創造と発展に寄与したいという、熱い思いと意気込み」がこめられていたことを協会創立四〇周年の記念会報の中で懐述しています。そしてそれが創立わずか二年目の一九五一年八月に一〇数名のアメリカ女性法曹を迎え東京で開催された国際婦人法律家連盟（International Federation of Women Lawyers、以下「ＦＩＤＡ」という。）の予備会議（注６）の冒頭、当時の田

写真③

昭和 26 年 8 月国際婦人法律家協会
国際予備会議（最高裁中央会議室にて）

中耕太郎最高裁長官の英語でのスピーチ「女性法律家は、法が実現を望むところのものをより完全に成しとげることができ、日本の社会に平和の理念をひろめ、正義と愛の観点から法律文化の向上に好ましい影響を与えるだろう」と、そこに込められた期待とも一致するものであったと述べています。（『会報』No.28,p2-3）

残念ながら、その後この「婦人法律文化」の内容に関しては、議論が深まることはなく、「何なのか分からないという意見が強く出され」、「婦人」を削って、「法律文化の発達と……」と改正されたとのことです。（『会報』No.19,p19 鍛冶会員の発言）

（注６）イスタンブールでの総会に向かう途上のアメリカ女性法曹が日本に立ち寄り「総会と同じ議題による協会会員との予備会議」が、開かれました。

当時の協会の会則では、第四条の活動は、第一号「司法及び法学並びに婦人の地位に関する調査研究と意見の発表」、第二号「外国の法曹との親善」、第三号「他の婦人団体との連絡、提携」、第四号「その他会の目的を達するために必要な事業」となっており、これは文言の若干の改正はありましたが、現在の私たちの会則に受けつがれています。

当時の想いについて、初期からのメンバーであった鍛治会員は、「当時の私どもの願いは、戦後、女性に対しても裁判官や検察官になる道が開かれ、今後は婦人法曹も増えていくだろうし、質的にもいい仕事をしていくためには、婦人法曹が力をあわせ、研究を進め、意見や情報を交換しながら親睦を深め、他方で司法活動を通じて、婦人の地位向上のためにも大いに力を尽くしたい」と述べられています。（『会報』No.19,p19）

女法協は、発足後直ちにＦＩＤＡに加盟しています。その後も、今日に至るまで、協会は国際的な活動を続けています。

ちなみに、ＦＩＤＡへの加盟は、イースタリング女史の助言に基づくものとされていますが、昭和二五年にアメリカに派遣された三淵嘉子会員の経験もまた大きかったのではないでしょうか。三淵会員は、最高裁判所から大阪家裁所長の稲田得三、北海道大学の助教授から裁判官になった佐藤昌彦とともに、家庭裁判所の制度を学ぶことを目的として、アメリカに派遣され、八〇日をかけてニューヨーク、ワシントン、シカゴ、ロサンゼルスと回っています。そこで接した女性裁判官たちの活躍は、事件の処理にとどまることなく社会事業にも及んでいました。また市民の選挙で裁判官が選ばれていたサンフランシスコでは、女性裁判官が最高点をえて、多くの市民からも尊敬を集めており、その姿は三淵会員の目にも美しく魅力あるものに写ったようです。もちろん、法曹養成の方法が異なる国との単純な比較は慎まなければいけませんが、彼の地での裁判官たちの裁判所の中にとどまることのない活躍の姿から、大きな感銘を受けたようです（注7）。そのような経験が、外国法曹との交流を積極的にすすめる協会の方向に大きな影響をもっていたことと思われます。ちなみに、久米愛初代会長も、協会の発足の年にアメリカに視察に向かっています。

（注7）前記（注1）清永前掲書、p.121-123

日本婦人法律家協会の発足は早速、九月一七日の『日本タイムズ』に、日本のポーシャがリーガルグループをはじめて作った（Japanese Portia's Set Up Legal Group for First Time）と紹介されています（写真④）。ポーシャとは、言うまでもなく、シェクスピアの戯曲『ベニスの商人』の中に登場する、裁判官に扮して恋人の危機を救う美しく機知に富んだ女性です。当時の写真をみながら、思わずうなずいてしまいますね。

このように、一〇人余が集まり、まさに肩を寄せ合い、親密に、しかし視線はまっすぐ

写真④

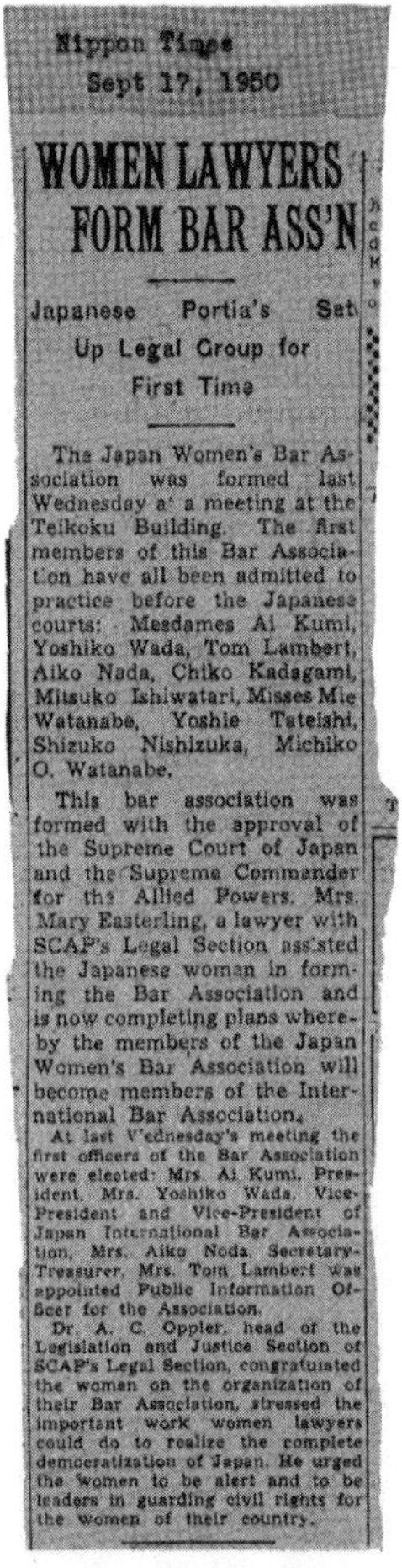

Nippon Times
Sept 17, 1950

WOMEN LAWYERS FORM BAR ASS'N

Japanese Portia's Set Up Legal Group for First Time

The Japan Women's Bar Association was formed last Wednesday at a meeting at the Teikoku Building. The first members of this Bar Association have all been admitted to practice before the Japanese courts: Mesdames Ai Kumi, Yoshiko Wada, Tom Lambert, Aiko Nada, Chiko Kadagami, Mitsuko Ishiwatari, Misses Mie Watanabe, Yoshie Tateishi, Shizuko Nishizuka, Michiko O. Watanabe.

This bar association was formed with the approval of the Supreme Court of Japan and the Supreme Commander for the Allied Powers. Mrs. Mary Easterling, a lawyer with SCAP's Legal Section assisted the Japanese woman in forming the Bar Association and is now completing plans whereby the members of the Japan Women's Bar Association will become members of the International Bar Association.

At last Wednesday's meeting the first officers of the Bar Association were elected: Mrs. Ai Kumi, President, Mrs. Yoshiko Wada, Vice-President and Vice-President of Japan International Bar Association, Mrs. Aiko Noda, Secretary-Treasurer, Mrs. Tom Lambert was appointed Public Information Officer for the Association.

Dr. A. C. Oppler, head of the Legislation and Justice Section of SCAP's Legal Section, congratulated the women on the organization of their Bar Association, stressed the important work women lawyers could do to realize the complete democratization of Japan. He urged the women to be alert and to be leaders in guarding civil rights for the women of their country.

に、国の外にも向けられ、女法協は発足しました。その約一〇年後には、会員が一〇〇名を超え、その活動は順風満帆であるように見えます。

第五章　展開の時……戸惑いとともに

一　創立一〇周年の頃

この章では、七〇年に及ぶ協会の歴史の中の比較的なじみの薄い前半部分を中心に当て、その後の展開の様子から、女法協の原点を探したいと思います（注８）。

（注８）また、後半にご活躍の皆さんは、本書の第三部にもご登場いただいているという事情もあります。

創立一〇周年前後の『会報』では会の様子は、以下のように、全体としては前向きの論調で綴られています。

会員が一〇倍となるも、「創立当時の率直な親和的な会の雰囲気は今も持ちつづけられてい」て、それが「職業をもつ人間にとって大切なもの」と書かれています（『会報』No.2 三淵嘉子会員）。一〇〇人の会員が、「それぞれに、かつては婦人にとって無縁であった法曹界に根をおろし始めたのをみると、この上なく頼もしく想い」、また「今までの一〇年われわれをお互いに結びつけていた平等へのロマンチックなあの情熱を持ち続けたい」、「この一〇年間私達の中に生き続けた平等の鋭敏な感覚こそ、これからも、われわれ自身の問題も含めて日本の民主主義をまもるエネルギーの源であることを発見した」（『会報』No.3 野田愛子会員）。

また、『会報』には、多くの国際的な会議への参加の報告とともに、地方からの寄稿が多いことに、驚かされます。大阪、名古屋、高松、福岡、札幌、静岡、長崎などなど、各地から個人の寄稿やお便りが寄せられています。弁護士の方からのものが、やはり多いですが、裁判官、検察官、研究者、そして多くの修習生からも寄せられています。面識ある間柄を彷彿とさせるお便りから、理論的なあるいは実践的な問題を発見し、提言をするものまで、バラエティに富んでいます。また、なかでも依頼人と直接相対する弁護士の立場から、訴訟と和解における当事者の受け取り方の違いや、そこでの「依頼人の利益」についての疑問などがつづられた論考（伊藤すみ子「この頃疑問に思うこと」『会報』No.6）では、疑問・問題提起が弁護士だけではなく裁判官にも向けられたものもみられ、法曹三者そして研究者が集う女法協ならではのものと言えます。

その一方で、昭和三七年（一九六二）年『会報』No.6では、鍛冶会員が、会員の協会への関心が薄れているとの危機感を巻頭言として、寄稿されているのが目を引きます。「婦人法律家協会では、例年、新しい女子修習生を招いて歓迎と懇親の会を持ち、合わせて協会への加入をよびかけるのがならわしである。今年の、女子の司法試験合格者は二〇余名ということだから、来春のその会の賑々しさは、想像以上のものがあるだろう。たしかに、それはうれしいことである」として、創立当初の一〇倍余へと会員が増加する事をまずは喜びつつも、会の運営のありかた、会員の関わりかたについての懸念、あるいは問題意識を示しています。「全国に散在し且つ世代と時代を異にする会員の質を考えるとき、よほどしっかりした共通の目的でむすばれないかぎり、組織を作る意味が見失われてしまう」と、述べています。その懸念の源として、鍛冶会員は二・三年の協会の動きをふりかえりつつ、会員の親睦と利益擁護という対内的活動、法律家団体としての対外的活動のいずれの場合をみても、協会からのよびかけは「なしのつぶてに終わる場合が少なくなかった」し、「関心をよせる一部の者を除いて、多くは無関心とみるほかない現実であった」と指摘しています。さらには、「おそろしいのは、そういう分布図が固定してしまうことである」と述べ、組織としての女法協が当初の会員相互の親密な性質を失ってしまうことへの警鐘を鳴らしています。

そして、「婦人の法律家であるという偶然の条件によって結ばれる時代は過ぎ去ったのかもしれない。そしてこの現象を、私たちはよろこぶべきなのかもしれない。もしそうだとしたら、会の目的や性格について考え直す必要もでてくるだろう。会員の増加が直ちに会の成長を意味するものでないことはいうまでもないし、せっかちに功を急ぐ気はもちろんない。しかし、組織を作っている以上は、会員意識に支えられてこそ存在の意味があるはずだからである」と、かなり手厳しい問題提起をしつつ、最終的には「一〇名前後の者が集まって協会を発足させた当時の感激」を「今日の条件の中でも分かち合いたいのです」と結ばれています。

このような発言が、発足から一二年後の時期にしかも巻頭言という形で掲載されていることに、率直に驚くとともに、この危機感や問題提起を、二〇二〇年の私たち自身の問題として重くうけとめなくてはなりません。また、同時にこのような発言が『会報』という媒体に載っているということの、ある種の清々しさ、会としての風通しの良さについて、改めて感動を覚えます。

二　創立二〇周年の頃、創立三〇周年の頃

昭和四四（一九六九）年、中田正子会員が鳥取県弁護士会会長に就任。昭和四七（一九七二）年三淵嘉子会員が新潟家庭裁判所所長に就任（初の女性裁判所所長）。昭和四九（一九七四）年には、野田愛子会員が東京高裁判事に、寺沢光子会員が東京地裁民事部裁判長

に就任、昭和五〇（一九七五）年には、野田愛子会員が札幌家裁所長に就任。昭和五一（一九七六）年には、久米愛会員が最高裁判所裁判官候補に日弁連より推薦される。ただし、七月に死去。昭和五五（一九八〇）年には、山崎恵美子会員が東京地検公判部副部長に就任。

と、たった三人から始まった女性法曹たちが、キャリアを積み、「各分野においてその活動が定着しつつ」ある時期を迎えています。昭和四九（一九七四）年の段階で、女性法曹は、裁判官五〇名、検察官二一名、弁護士二九九名。女法協の会員数も二九六名（含研究者一四名）となりました。

この年の『会報』No.13の巻頭言は、次のように綴られています。

「私どもの行動に対して『女性』というレッテルがはずされ、各個人の行動として評価される時代になりつつあるという希望的観測が持てるのではないでしょうか。反面、女性の任官差別等の問題がいまだに現存している厳しい情勢があるのもまた事実です」。

さらに、「私どもは、『女性』として特別視されることのない社会が一日も早く実現することを望むとともに、このような時代に対処し得る女性法律家協会のあり方を、この際皆で考える必要があるのではないでしょうか。」と問いかけています。

この問いかけに答える形で、『会報』No.13では、座談会・新春放談という形式をとり比較的フランクな口調での言葉がつづられています。中でも、多くの先達たちが、パイオニアとしての意識や活動にふれる中、若い世代にとっては「司法試験を受けて資格をとって仕事をするということが、今やパイオニアではなくなってきた」という発言に目を惹かれました。もっとも、世代の意識の隔たりについての発言もみられる一方で、任官差別の問題など、直面する課題は解決されていないという指摘もなされています。

戦後三〇年にあたる昭和五〇（一九七五）年の『会報』No.14号では、巻頭言で井田恵子会員が、新たな時代における女法協の役割と意義について次のように述べています。少し長いですが、そのまま引用します。

「ここ一〇年余り、私たちの国は、向う見ずの経済成長を突っ走りました。そのひずみは余りにも大きく、国土を、庶民の生活を、荒らし尽した感があります。反動とひずみは、いつも真先に、弱いものの立場に暗い影を落とし、それを圧迫します。女性、母と子をとり巻く状況にも、今日様々の問題が起きて来ています。また法制面でも、刑法はじめ、種々の改廃が行われようとしております。

私たちはいまこそ、初心にたちかえって三〇年前、新憲法が私たちに約束した諸々の権利を、真にひとりひとりのものとするため、空洞化している「器」にきめ細かく内容を盛り込んでゆく作業を、今後一層ねばり強く進めなければなりません。そのためには、何よりも、エリート的な立場を脱皮して、たくましく成長する市民と共に、また、社会のいろいろな階層の人々と、手を携え、共に考えていく姿勢こそ、私たちのとるべき方向ではないでしょうか。

一九七五年。いみじくも今年は国際婦人年にあたります。平等・発展・平和、わけても現実的平等への問い直しと再出発を期して、私たちの婦人法律家協会を、私たち自身のものとして、さらに充実させて行きたいものです。」

女性法曹の数が増え、各分野で定着するにつれ、女法協自体の性質も、会員の気質も変わってきました。社会の状況の変化とともに、協会のあらたな状況に対応しようとする意気込みが感じられるとともに、以前からの問題が解決していないことへの苛立ちもまた、仄かに見えます。

創立三〇周年の年、昭和五五（一九八〇）年の『会報』No.19には、各界からのお祝いと激励の言葉が綴られ、誕生の頃から一貫して女法協を守り立ててきたメンバーたちが、お祝いの言葉を寄せています。

また、三〇周年を迎えて―協会の現状と将来を考えると題する座談会では、女性弁護士の活動分野の広がりとして、渉外関係の法律事務所の女性弁護士の数の増加が上げられています。また、女法協の現時点での存在意義については、まずは「親睦」があげられている。野田愛子会員は、当初の頃は少数の者が集まって励まし合うという側面が強かったし、必要であったが、近年では、それぞれが立派に活躍しており、「共通の広場を持つ必要はある反面、仕事の上で何か力を貸したりという必要はなくなったし、集まって何かやるということにはまた逆作用」もあるので、むしろ「肩の凝らない楽しい会」にしていくことに意義があるのではないか、として、親睦の意味が創立時とは異なってきていると指摘しています。また、若菜充子会員は、「親睦」自体の意義をみとめつつ、「そのほかに婦人法曹が活躍の場を広げるにあたって、会が社会的プレッシャーになること」もまた、女法協の存在意義ではないかと、述べています。具体的には、「女性弁護士の実態を広く社会に紹介して、女性弁護士に対する正しい認識をもってもらうように努力するとか、国や地方公共団体の各種委員会に多くの女性弁護士を送り込み、その能力を広く社会に役立てるパイプになる」などの実際的な役割を果たしてほしいと、述べています。

一方、宇田川濱江会員は、二〇期前後の若手にとっては、あるいは地方の会員も同様に、「何か自分に返ってくるもの」が必要だし、抽象的な女性の地位だけではなく、「具体的に会員の生活とか仕事にかかわりのある何か」を女法協はやる必要があると指摘しています。他方で、札幌弁護士会の広井喜美子会員は地方にいる自分にとっては、遠方で協会の会合には参加できないけれども、お便りや会報に掲載されている「共通の悩みをもち、家庭と仕事の両立に苦しみながら頑張っている様子や、立派な論文に」ふれることにより、励まされてきましたので、やはり、女法協は「それなりの役割」を果たしていると し、特に地方の立場からは、婦人の活動が多様化し、活発化するなかで、女法協には「もう少し資料やなんかを、豊富にそろえていただいて、多角的な要求に答えられるだけのもの」を会自体がもってほしいと、要望を述べています。

また、松丸幸子会員は、二八期前後で女法協の入会率に有意な差がありそうだと指摘した上で、規約に盛り込まれている「司法及び法学、ならびに婦人の地位に関する調査研究と意見発表」に関する活動がもっと活発になれば、若手は女法協に魅力を感じ、入会者も増えるのではないか。そのためには、「もう少し会の性格とか中味について、会員相互がきちんと明確な認識を持ち合う」ことが必要だし、その際には女法協が、裁判官・検察官・弁護士・研究者の集まりであるという特徴からくるある種の制約について、コンセンサスを確立する必要があります、と指摘している。この会に入ってどういうことができるかということがわかれば、「皆さん生き生きと活動できるんじゃないかと思います」とまとめています。

これら多様な意見を受けて、野田愛子会員は「親睦」は立場の違う人々の共通の広場であり、情報を交換したり、先輩と後輩が知り合ったり、地方にいる人に『会報』を通じて勇気づける情報をとどけたり、といった活動を通じて「お互いの連帯感みたいなもの」が生まれる基盤としての意味があると、説明しています。その上で、女法協の存在意義としては、「婦人法律家の地位の向上」を中心におくべきではないかと、提案しています。それぞれの職種のひとたちが、活躍するのに障害がある場合は、協会の問題として取り上げていかなければならない。「会員たちが職業人としての地位を築き、且つ社会的に活動するバックとして女性法律家協会の存在が強力なものでなくてはいけない」。そして、「今や婦人の地位に関しても、男女平等にしても、多極化しており」、「協会が統一した結論を出すことは困難であ」り、場合によっては、デメリットもありうるので、慎重さがもとめられると、述べています。まず、「会員の地位を向上させ」、「婦人の地位に関係ある法律的問題には意見を出すという無色で強力な地盤を築き、法曹界にも影響力を持つ」という点でこれからも、一層明確にしていかなければならないとしています。

それとともに、大きくなった協会が会員の要望に応える活動するためには、事務局体制の整備と強化が懸案として上げられている他、地方との交流もまた重要な課題として指摘されています。

同じ号の、「三〇周年を迎えて―各地域の現状と協会への要望と題する座談会」（大阪開催）では、各地の支部的な動きと、本部に望むことが記されている。この当時も現在も、支部は大阪のみで、人数は九八名、研究会や親睦の活動をおこなっています。神戸や京都では支部の中の部会という形で、日常的な活動も活発に実施されています。そのほかにも、支部的な活動をしている地域として、福岡、名古屋、四国（高知）などが、支部的な活動の様子を紹介しています。香川県、徳島県、鹿児島県、大分県、佐賀県には、この段階では女性弁護士はいないということにも、ふれられています。

本部への期待・要望としては、女性の価値観の多様化を踏まえた場を作ってほしいという声や、先輩法曹との交流の場を作ってほしいという声が寄せられています。

大きくなった協会が、会員の多極化している要望や、女法協に寄せられる法曹内外の期待に応えていくためには、どう変わっていくべきか、真剣な議論が展開されています。

三　女性法曹のキャリアのありかたをめぐって

平成四（一九九二）年度は、司法試験合格者六三〇名のうち女性が一二五名と、はじめて三桁になった年でした。この年の『会報』No.31には、「あらたな挑戦―一回の人生の中で―」という特集が組まれています。終身雇用の慣習がゆらぎ始めている状況を踏まえて、女性法曹の中での転職経験者の体験を集めた特集です。

弁護士から学者へと転身され、法女性学（注9）や生殖補助医療の分野で先進的な業績をあげられた金城清子会員。裁判官から弁護士へ転職された鎌田千恵子会員。当時の法曹界における流れの一つであった弁護士から裁判官への転職をされた阿部静枝会員・堀越みき子会員のご寄稿が掲載されています。検事から主婦そして弁護士と、ブランクを体験された佐賀千恵美会員。また、弁護士から政界に入られた浜四津敏子会員や、OLから少年院の教官そして弁護士になられた相原佳子会員、さらに弁護士から主婦へそして家裁の調停委員と弁護士に復帰された手塚正枝会員の法曹の枠を超えた転職・転身を遂げた方々の寄稿もあります。法曹の活躍の場が大きく広がっている現在からみても、とても興味深い特集です。

（注９）今では普通に使われている「法女性学」という語は、当時はまだ形成にあった『女性の法律（Women and the Law）』をアメリカで学んだ金城先生が、造語されたものです。

転職・転身の理由は、結婚・出産・育児などのライフイベントにともなうものや、夫や家庭の事情、社会事情に後押しされて、あるいはよんどころのない事情や不本意な辞職など、実に様々ですが、どの方も、それぞれのステージやときにはブランクを次の職業やステップに生かしていらっしゃいます。

金城会員は、「女性の視点から法律学を総点検するなどという」、「壮大な仕事」に取り組んだのは、「事件が依頼されたらどんなことでも、自分の専門外などと言って断ることは許されない」という弁護士の経験があったからではないかと書かれています。また、弁護士時代に「いつも感じたあのいらだたしさ」や、「社会で発生する問題を下敷きに、法の論理を考察」していくよう心がけたと述べています。

検事という職を、多少なりとも不本意退職をされた佐賀会員は、六年間弁護士登録もせずに「主婦」として「ぬか味噌の漬物も自分で漬けるし、梅干しも作る。離乳食も全て手作りにするという生活」をされ、最初の一・二年はともかくその後には、「自分は毎日何やってるんだろう」と感じ、精神的につらいときもあったと、当時の気持ちを吐露されています。しかし、反面でこの時期は大変意義深い時期であったと述べられています。意義として、「肩の力がすごく抜けたこと」、「二人の子どもを産み、育てたこと」、「俳句をはじめたこと」、そしてなによりご著書『華やぐ女たち』を書き始めたことを上げていらっしゃいます。仕事をやめた当時は「主婦をしているのは専ら子どものためであって、自分にとってはマイナス以外の何物でもない」と思っていたのが、振り返ると得たものも多かったと、まとめておられます。ワークライフバランスという言葉が出てくる随分前ではありますが、豊かな人生とはどういうことなのかを考えさせられます。また、ご著書は、女法協の大先輩三淵嘉子会員・久米愛会員・中田正子会員の人生を描いたものですが、その中で「草分けの先生方のバイタリティと、芯の強さに励まされた」と書かれています。同時に、穂積重遠先生や我妻栄先生など、当時の一流の学者たちが、女性法曹の誕生と成長を助けていた様子に驚き、感銘をうけていらっしゃいます。

　堀越みき子会員も、子育ての経験を家裁の少年事件でのお仕事で生かしたと述べられています。また、転職先の横浜家庭裁判所所長の寺澤光子さん、少年部の総括の千葉庸子さんという女性先輩裁判官に大いに助けられたと書かれています。

手塚会員は、一二年間のブランクを経て家裁の調停委員と弁護士に復帰され、さらには、ご自身の子育ての経験から難聴児の「親の会」を発足させ、会長に就任されました。復帰後の調停委員時代には、「失敗も多く、ある婚姻無効調停事件では、当事者（女性）の信頼をうしなって」しまったこともあると、書かれています。しかし、「この間に身つけた開き直り、粘り強さ辛抱強さ、ネットワークは仕事の助けとなり」、「一二年間はむしろプラスではなかったかとさえ思っています」と積極的にうけとめていらっしゃいます。

また、手塚委員は専業主婦の間も女法協の集まりにはよく出席していたことも、書かれています。女法協では、「仕事をしていない者に対しても先輩たちはとても暖かく、そして対等に迎え入れてくださいました」。「取り残されたような寂しさや劣等感を味わうこともありましたが、和気藹々の温かい雰囲気に惹かれて、唯一の法曹との交流の場であり、情報吸収の場である」女法協の行事に参加していましたと、述懐されています。

ワークライフバランス、働き方改革などと叫ばれる現在、女性（に限定する必要はありませんが）法曹のライフ・キャリアデザインは、大きな課題の一つです。転職や転身により、新たな知見や価値観などが、法曹の各分野に取り込まれることにより、司法全体が豊かなものになることが期待されます。それから、この特集の中で触れられている先輩法曹との交流は、いわゆる「親睦」が単なる楽しみに終わることなく、ライフ・キャリアの上でのアドバイスやさらには専門職としてのスキルアップにつながっていることを示しています。司法改革以降、女性法曹が増加し、活躍の場の拡大する中で、例えば面接技法などのような職務に直接関係する勉強会や、法曹希望者や現任の法曹に向けたキャリア講座や交流会など、狭い意味での法律に関する研究会や勉強会だけではない講座や交流が期待されています。女法協でも、弁護士・裁判官・検察官・研究者が集う会という特性をいかした講座や交流会などの企画がもとめられています。その意味で女法協がこれまで柱の一つとしてきた「親睦」という活動も、もう少し広い視野から再評価していくことが必要かもしれません。

四　創立四〇周年の頃―事務所の移転と名称の変更

さて現在、女法協の事務所はステュディオ虎ノ門八一一室にありますが、ここに事務所を構えるまでは、「婦人総合法律事務所」のご好意で、同事務所の一部を使用させていただいていました。面積は約三・三平米で、会の資料が天井まで積み重ねられ、事務机をおくのがやっとという状態でした。協会も年をかさねるごとに、資料なども増えたこともあり、手狭になりました。また婦人総合法律事務所の所員の増員などのご事情もあり、早急に移転が必要になりました。

昭和六二（一九八七）年一〇月「事務所移転検討委員会」が設置され、二七名の委員が委嘱されています。委員会設置の趣旨は「事務局の拡張整備などの問題は当協会三〇周年の頃から指摘されていることでもあり、三年後の四〇周年を目処に、事務所の移転を真剣に考える時期に至ったので、その可否、方法等を検討」するというものでした。（『会報』No.26・27）

その後、一九八九年には、事務所移転に伴う資金の調達方法や経費の増加問題に関して、会員アンケートも実施され、コンセンサスを得た上で、女法協四〇周年の平成二（一九九〇）年に一一〇二室に移転を果たし（『会報』No.28）、一〇年後現室に移りました。

また、日本婦人法律家協会として発足した当協会が、日本女性法律家協会と名称を変更するのは、平成七（一九九五）年度の総会でした。残念ながら、その経緯についての寄稿を見つけることはできませんでした。当時、婦人という言葉を女性という言葉に置き換えていく動きが全国的にありましたので、その流れに沿ったものだったと思われます。

いずれにせよ、事務所も、名称も、ほぼ二〇二〇年現在の姿になったのが、一九九〇年代前半だったわけです。

五　創立五〇周年の頃

平成一二（二〇〇〇）年、女法協は創立五〇周年を迎えました。この年の『会報』No.38の冒頭で若林会長は、当時協会に向けられる批判的な声「何もしない女法協」、「今更、女性の会が必要なのか」を正面から受け止めた上で、女法協の存在意義を問い直しています（注10）。その際の柱は、以下二つです。一つ目は、一九七九年に国連総会で採択された「女子に対するあらゆる形態の差別の撤廃に関する条約（以下「女子差別撤廃条約」という。）」。男女平等の国際基準であるこの条約の「影響は裁判所の中にいても法廷の扉を開けたとき肌で感じるものがあった。この条約によってすべての女性が受けた恩恵は計りしれない」と記しています。二つ目は、「男女共同参画社会基本法」です。これら二つの規範の意味、歴史的意義を女法協の基本的スタンスであると考えれば、女法協の「存在意義」が見えると述べています。

（注10）本書第三部一七五頁参照

そして、「司法改革論議の中で、プロフェッションとしての法律家に厳しい批判が続出」する中で、私利私欲ではなく天職として、学問的専門職に従事するプロフェッションとしての自覚が問われているのだと指摘され、その上で「女法協の会員であることは、このプロフェッションであることの意思表示であり、この特質を生かした社会的貢献のできる活動」をしましょうと、会員に呼びかけています。

そこからは、女法協に対して向けられる逆風や、女性法曹たち内側からの冷たい風の中で、もう一度女法協の意義を問い直していこうという真摯な意欲がこぼれ出ています。もっとも、同年六月には横溝正子会長の下で、「家族の未来、社会のしくみ」をテーマとして充実したシンポジウム及び祝賀会が開催され、また記念事業として全国一〇か所において無料法律相談事業が行われました（『会報』No.38宮崎治子副会長）。当時は、女子差別撤廃条約や男女共同参画社会基本法が示している理念と、日本の女性法曹が抱える多様な問題の間で進路を模索し、活動の輪を広げていたのだと想像します。

六　創立六〇周年の頃

創立六〇周年の平成二二（二〇一〇）年には、司法制度改革を受けて法曹人口は増加し、女性法曹の数も大幅に増加しています。裁判官五九六名（総数は二八〇五名、二一・二％、二〇一〇年四月）、検察官三五七名（総数一八〇六名、一九・八％、二〇一〇年三月）、弁護士四六六〇名（総数は二万八七八九名、一六・二％、二〇一〇年三月）、合計五六一三名にのぼっています。数字は二〇一六年版『弁護士白書』を典拠としています。

『会報』No.48の巻頭言で曽田会長は、「個々の女性法曹の仕事の評価は、当然その行う仕事の内容・質によって判断されるべきであって、地位によって判断されるべきではない」が、「女性法曹が法曹界全体において占めている位置を客観的に計る」ために、と断った上で、以下のようにコメントされています。「地方裁判所所長、家庭裁判所所長は多数現れているが、東京、大阪といった大規模裁判所の所長は未だでていない。弁護士会では、単位会の会長はでているが、日本弁護士連合会の会長はまだひとりもでていない。こうしてみると、女性法曹は。ある程度までは法曹界の中で活躍できているが、男性に比べれば、まだまだ十分に力を発揮しているとまでは言えない」。

一〇名の会員で発足し、六〇年後には会員一〇〇〇人を擁する団体へと成長した女法協ですが、「女性法曹数が六〇〇〇人近くに達していることを思えば、その評価は、人によって異なるであろう」とやや危惧するコメントをしている。会員数が全女性法曹に比して伸びてこない原因として、修習生の数の増加や修習期間の短縮による働きかけの難しさが挙げられています。それに加えて、女性法曹の意識の変化も重大です。「今は、もう女性だけが集まって何かをやる時代ではない」という声も聞かれます。しかし、曽田会長は、女性は法曹界において、「決して、男性に伍して活躍できている状況にはない。社会的にも、男女平等社会が実現できているという状況ではない」として、出産・育児などが「仕事の上でハンディキャップにならざるを得ない現実の中にあって」、家庭を持ってであろうと、単身であろうと「それぞれが選択した生き方のもと」で、「法曹としての使命を実現させてゆくのに、同じ女性法曹同士の連帯や支えは不要であろうか」と、問いかけています。

そして、女法協は、「社会のリーダーシップを取るべき女性専門職の集団として、男女平等その他の重要な事項に関し、しかるべき意見表明をしたり、他団体の活動に協力をする等、適切かつ積極的に活動する社会的使命があることも忘れてはならない」と指摘しています。

曽田会長の最後のご指摘は、創立三〇周年の年の『会報』No.19で、野田会員がご指摘されている点と、強く響き合っています。女法協自体が直接に社会に働きかけるというよりも、法律のプロフェッションとして意見を述べ、様々な社会問題の解決に携わっている団体の活動に協力するという形は、一方ではある種の制約となる可能性はありますが、他方で中立的で強固な立場からの発言として強い影響力を持つものになりえます。法が社会問題を解決するための方策となりうるとすれば、法曹（legal profession）としての役割はここにあるのではないでしょうか。また、創立五〇年の年の『会報』の中で示されていた若林会員が抽象的な形で示されていたプロフェッションとしての役割・意義も、また同じ方向を向いたものと言えます。さらに、若林会員の指摘は、女子差別撤廃条約と男女共同参画社会基本法という理念を示している点で、より具体的な内容を示していると言い得ます。このような専門家集団としての女法協の役割や意義を、具体的な社会の中で追求していくのは、「これからの」私達自身の課題（注11）ということになると思います。

（注11）筆者は、二〇一九年一二月に実施された国連女子差別撤廃委員会委員との昼食会において、委員からの質問に応える形で、短いスピーチをさせていただいた。ご質問

の中に、女法協は「マイノリティの司法支援として、どういうことをしているか」というものがあった。この質問に対して、私は協会として直接的な支援はしていないが、女法協には legal profession の集団として間接的な活動のあり方が求められているし、それを実施していると、答えました。さらに、そのためには、会員自身が会員相互に学び合うことが必要であることを申し添えました。

第六章　研究会・意見書提出

本章では、女法協の活動の柱の一つである研究会・意見書の提出について、『会報』の中から、ご紹介します。

女法協では、初期の頃から現在に至るまで、様々な分野での研究会が組織され活動し、その中から数々の意見書がまとめられ、然るべき先に提出されています。意見書それ自体については、女法協の Web Site に内容が紹介されていますので、そちらに譲りますが、女法協の原点であり、具体的な問題・課題の形を変えながら、現在まで継続して実施されている研究会として、少年法研究会／少年法改正問題研究会があります。

わが国に少年法が施行され、東京・大阪に少年審判所が設置されたのは大正一二（一九二三）年でした。女法協は、昭和三九（一九六四）年頃から少年法問題に深く関心を寄せ、研究会を実施してきました。最初に掲載されている研究会報告は、『会報』No.9です。少年年齢の引き上げと検察官の先議権を柱とする法務省の「少年法改正に関する構想」（昭和四一年五月二三日発表）は、現行少年法を根本的に改正するものであり、慎重な議論が必要であるとの意見書を提出しています。以下、『会報』No.12号に掲載された三淵嘉子会員による解説記事「少年法改正問題と婦人法律家協会」を転載します。

少年法改正問題と婦人法律家協会　『会報』No.12　昭和四六（一九七一）年

三淵　嘉子

我国に少年法が施行され、東京・大阪にはじめて少年審判所が設置されたのは大正一二年のことである。当時の少年法によれば、少年審判所は一八才未満の犯罪少年及び虞犯少年に対し保護処分をなし、犯罪少年について刑事訴追をするか少年審判所に送致するかを検察官が判断したのである（検察官先議）。

昭和二四年一月一日に施行された現行少年法は、旧少年法を全面的に改め、少年の年齢を二〇才未満に引き上げ（但し少年年齢の引上げは同二六年一月一日から実施）、かつ少年事件はすべて家庭裁判所に送致して（全件送致主義）、保護処分相当と判断したものは家裁で保護処分に付し、刑事処分相当の事件は検察官に逆送して起訴を強制すること、少年の処遇を科学的に調査分析するため家裁に調査官を置くこととした。

ところが、法務省においては一八、九才のいわゆる年長少年については社会防衛の立場から検察官が先議権をもつべきだとして、早くも昭和二六年頃から少年の年齢引下げ論が唱えられ、同三四年頃から少年法の改正が検討されていたが、戦後のベビーブームの世代が少年法適用年齢に達したこともあって、急激に増加した非行数がピークに達した昭和四一年に、法務省の「少年法改正に関する構想」が発表された。その骨子は、一八才未満の少年は従来どおりとするが、一八才以上を青年層として、第一案は二三才未満を青年層とし、検察官が刑事訴追か家裁送致かの先議権を持つ、第二案は青年層を二〇才未満とし原則として刑事訴追する、いずれの案においても青年の保護手続には検察官が審判立会権、抗告権を持つ、検事が先議する調査資料のため独立の総合調査機関を設立するほか、家裁の保護処分を多様化して法的強制力のない訓戒や誓約書徴収などをも認めようというものであった。この構想に対しては、最高裁、日弁連をはじめ少年関係機関や学者から種々の反対意見が出され、法務省は改正案を再検討することとしたのである。

昭和四五年六月二五日、法務省は少年法改正要綱を法制審議会に提示し、法制審議会は少年法部会を設け、爾来毎月一回少年法部会が開かれて審議が続けられている。要綱は、四一年の構想に対する各方面の批判のほか、一九四〇年頃から次々と出た少年事件に適正手続による規制を認めようとするアメリカ合衆国連邦最高裁判所判決、及びその後のアメリカにおける少年法の動向を反映しているが、青年層の設置については、四一年当時多くの反対意見があったにも拘らず依然としてこれを強く推進している。要綱によれば、一八才未満を少年、一八・九才を青年層とする、家裁は少年の保護事件及び青少年の刑事事件を審理する、少年については警察の不送致を認め、又検察官は保護処分あるいは刑事処分相当とする少年事件のみを送致するものとし、全件送致主義をとらない、少年事件の審判に国選附添人制度、黙否権及び事実の告知等適正手続を導入するほか、検察官の審判立会権、抗告権を認める、青年についても警察の微罪処分を認める、検察官は刑事処分又は保護処分を相当と思料するときに家裁に起訴する、家裁は略式裁判を除き判決前調査をなし、刑罰のほか保護処分をなすことができる、保護処分を多様化しその期間を限定する、というのがその大要で、現行法の保護優先主義は大きく後退した。

婦人法律家協会は、昭和三九年頃から少年法問題に深く関心を寄せ、研究会を持っていたが、同四〇年二月には市川房枝氏をはじめとする婦人国会議員を関東医療少年院及び東京少年鑑別所に案内し、三月には右議員らと少年問題について懇談して共に理解を深めることに努めた。「少年法改正に関する構想」が発表された同四一年三月からは毎月在京会員が集って研究討論の結果、全国の会員にアンケートによる意見を求めたうえ別紙のような協会としての意見書を作成した。

今回の「少年法改正要綱」については、法制審議会にそれが提示された直後、法務省刑事局青少年課長木村栄作氏から提案理由を聞き、更に最高裁事務総局家庭局第三課長菊池信男氏から裁判所側の意見を聞いて研究を重ねている。今後、要綱に対しては、青年層の設置及び青少年の刑事裁判の家裁管轄の是非、検察官の審判立会権、抗告権の是非、殊にこれと適正手続との関連性、全件送致主義の変更、多様化された保護処分の内容等について検討しなければならない。

旧少年法制定後五〇年、現行少年法施行後二三年になろうとしているが、国の未来を担う少年の健全な育成を目的とする少年法の理念が崩され、又非行を犯した少年の改善のため個別的教育処遇を施すという刑事政策的にも前向きの少年保護手続を後退させることのないよう、婦人法律家協会としても今後十分な研究と活動を続けていきたいものである。


少年法に関しては、本年令和二（二〇二〇）年にも、「少年法改正問題研究会」が開催され、同研究会は少年法適用年齢引下げ問題について、少年法における教育的処遇の特徴と実務の実績を踏まえ、これに反対する内容の「意見書」を作成し表明しています。

そのほかにも、『会報』創刊号の活動報告には、兼子一氏を囲む研究会「人事訴訟法をめぐって」が二五名の出席者により、開催されたことが報告されています。また、家族法をめぐる研究会も『会報』No.9に掲載の「家族法上の妻の地位をめぐる研究会」を嚆矢として、活発に開催されている。民法改正三〇年や、家族法の大きな改正にあたっては、論点を分担し検討を重ね、会員へのアンケートを実施するなどの活動を行っています。

さらに、労働法関係、女性の権利に関する研究会などなど、枚挙に暇がありません。各種の研究会は、本部だけではなく、大阪支部でも実施されています。中でも昭和四一（一九六六）年『会報』No.17は、「離婚における愛情と破綻」というタイトルで、座談会が実施されています。これは厳密な意味では研究会ではないかもしれませんが、座談会という形式をとっているため、大変わかりやすく、そして読み物としてもとても興味深い論考に仕上がっています。二時間半余りの議論をわずか四ページにまとめるという烈腕ぶりが忍ばれますね。

いうまでもなく、研究会活動や意見書の提出は、女法協の重要な役割であり、社会的存在意義の大きな部分です。今後とも、継続的に取り組んで行くべき大切な活動です。

最近の研究会などの活動については本書の第二部をご覧下さい。意見書については、協会の公式ウェブサイトに掲載されています。

第七章　外国法曹との交流

一　はじめに

外国法曹との交流や国際的な活動は、会則第四条にも盛り込まれ、女法協の中心的な活動の一つです。野田愛子会員によれば、最初のハイライトは、昭和二六（一九五一）年の東京で各国の婦人法律家を迎えて開催された国際婦人法律家会議でした。この会議には田中耕太郎最高裁長官もご出席の上、法律文化における婦人法曹の役割についてメッセージをくださり、激励してくださいました。（会報 No.12）（前掲写真③）

このような外国婦人法曹との交流について、野田愛子会員は次のような感想を記しています。「外国の婦人法律家が、いずれもその国での first of something なのを知るのは興味深いことです。韓国の NO.1 婦人弁護士の李女史は、困っている韓国婦人の救済のために法律相談所を開き、梨花女子大法学部長として女子の法学教育にあたり、しかも、法律上の男女不平等廃止のため、政府に働きかける運動を精力的に推進しています。」その他、カナダ、アメリカ、インドネシア、ベトナム、中華民国、イランなど、世界各国の交流のあった女性法曹達をおもい浮かべ、彼女たちが「女性が法律の勉強を志しはじめたころの原初的かつウーマン・リヴ的情熱をかきたてられる」と評した上で、「このような外国の婦人法律家との交歓によって確かめられる国際連帯は、私どもが職業を続けてゆく上での心の支えともなり、刺激となるばかりでなく、日本民法のような男女平等の法律を持たない、発展途上国の婦人法律家の活動を援助するという、私どもの新しい役割について考えさせられます」、とコメントしています。この国際的シスターフッドとでも呼ぶべきものも、女法協の活動を支え、導く、原点の一つと言ってよいでしょう。

その後、女法協では、活動の重要な柱の一つとして、積極的な形で外国法曹との交流を深めています。外国法曹をお迎えした様々な行事や、こちらから外国の会議などに参加した参加報告、また海外で活躍する会員の様子、そして外国法曹を訪問しての交流など、毎回の『会報』の中に、複数の記事が、掲載されています。そのなかから、特に興味をひかれる講演を取り出します。

二　アメリカ最高裁判事ルース・ベーダー・ギンズバーグ氏との昼食会

平成七（一九九五）年『会報』No.33には、かのルース・ベーダー・ギンズバーグ、アメリカ合衆国最高裁判所判事をお招きした昼食会の様子が掲載されています。ルース・ベーダー・ギンズバーグ氏は、一九九三年にビル・クリントン大統領から任命され、現在連邦最高裁に三人いる女性判事（歴代二人目）のお一人です。というよりも、二〇一九年に日本でも公開（アメリカでの公開は二〇一八年）された二本の映画「ビリーブ：未来への大逆転」（原題はOn the Basis of Sex）、「RBG 最強の八五才」（原題はRBG）で、日本でも大きな話題となりました。彼女に関する書籍はすでに数多く出版され「アメリカ人が尊敬する女性」のランキングでは必ず上位に名前が挙がります。それだけではなく、マグカップやTシャツなどのグッズが売り出されるなど、少数派の権利擁護のアイコンとして、法曹の枠を超えた人気をあつめていますね。講演では、彼女がコーネル大学からハーバード大学ロースクールへ進学して、法曹を目指して努力を重ねていた一九五〇年代（女法協の誕生の頃ですね）以降のアメリカにおける男女均等の歩みについて、ご自身の歩みに触れつつ、具体的にお話くださ

写真⑤

っています（写真⑤）。

講演の時ＲＢＧは最高裁判事への就任後わずか一年後、六一歳ですが、かつてアメリカではこの年頃は「空っぽの巣」と呼ばれていたそうです。でも、「仕事でも家庭でも女性が男性の後ろではなく男性と肩を並べてたつような世界をつくろうと努力する女性にとって空っぽの巣はない」と信じていると述べています。これが、約三〇年余女性法曹として、またその以前法曹を目指す女性として、努力されてきた彼女の信念なのでしょう。

彼女は、一九五八年にロースクールを卒業しました。ハーバード・ロースクールそしてコロンビア・ロースクールという二つのロースクールを優秀な成績で卒業した彼女は、当然のことながら「法律事務所の弁護士もしくは裁判官の助手」として雇われることを期待していました。ところが、一〇数回の面接の後、希望は絶望に変わっていました。「鍵のかかった扉」にぶつかったのでした。成績優秀者の一般的な就職先であった連邦高等裁判所やニューヨークの法律事務所には、女性であるということ、また母親（注12）であるということを理由に、受け入れられず、同じく幼い二人の娘の母親だった女性の地区裁判所の判事のロー・クラークとして法曹としてのスタートをきります。その後も、女性が職業を続けることには有形無形の困難があったようです。また次の職場のニュージャージー州立ラトガース・ロースクールで二人目のこども（息子さん）を出産しますが、妊娠が同僚にわかると次年度の契約更新ができないのではないかと考え、義理のお母様のワンサイズ大きめの洋服を借り、「春学期を見つからずに切り抜け」、夏休みが終わる三週間前に出産し、なんとか秋学期の開始に間に合ったと言います。この体験により、彼女は次のような信念・確信をいだくにいたりました。「女性が真実平等な機会を持つべきならば」、「男性は育児をやったとしても平等には分担しない」、そしてより重要なことには平等に分担「するべきではない、という観念」を変えることが「なににもまして重要なこと」という信念。そして、「もし男性が女性と同じように子育ての責任を引き受ければ、社会全体、とりわけ子供が、恩恵をこうむる」との確信です。

（注12）ＲＢＧは、当時四歳の女児の母親でした。

ＲＢＧによれば、この講演当時でも、アメリカでは女性は男性より「はるかに多くの子育ての責任を負担し続けている」と指摘しています。その一方で、変化の兆しもありました。一九八〇年代の連邦控訴審裁判所判事時代には、男性弁護士から妻の出産を理由に、一一人の判事による弁論の二週間延期を求める申請を受領した経験があります。「二五年前であれば、男性からのこのような延期申請は、「おそらく異様なばからしいものとして拒絶されていた」でしょう。しかし、この男性弁護士の「出産にあたって妻の手助けをするだけでなく、出産直後に家事や赤ちゃんの世話をする責任を引き受けることの大切さ」という主張は、裁判官たちを深く考えさせ、結局延期申請をみとめました。女性の社会的地位をめぐるアメリカ社会状況は、一九六〇年代から七〇年代という大きな変化を迎えたのでした。

そのような中、ＲＢＧは一九七〇年代に男女平等訴訟に積極的に参加します。六件のケースは、「最高裁で大きな勝利を飾り、他のほとんども下級審で勝訴」しています。一九八〇年にワシントンＤＣの連邦控訴審裁判所判事に任命された時にも、一九九三年に最高裁判事に任命されたときにも、彼女には「アメリカの家庭と家族を壊すかもしれない」と示唆する反対がありました。しかし、その後の彼女の活躍は、冒頭に触れたように、法曹の枠を超えた形で広がっています。講演の中では、彼女は「アメリカの社会状況が変化した」とお話されていますが、彼女の活躍がその変化の源の一つであることはいうまでもありません。

講演の最後に彼女は、「女性の裁判官は女性であるということによって事件を違うふうに判断しますか?」という質問を上げ、「賢いおじさんと賢いおばさんは同じ結論に達するものです」というミネソタ州最高裁の女性判事の言葉を借りて答えています。そして、「ただ……」と留保をつけています。「私は両性が参加することにより司法制度はより実りのあるものとなるとも信じます。人類の半分でほとんどの職が埋まってしまうとしたら、より実りの少ないものとなります」。

『会報』に収められているRBGの言葉には、実感がこもり、地に足がついた素晴らしいものです。特に、育児や家庭責任の分担についての指摘は、今まさに私達が課題としているところと大きく重なるものであり、まったく色あせていません。別の言い方をすると、私達はまだこの課題を克服できていないということですね。

それから、一九五〇年代には自分自身を女性解放論者とは思っていなかった彼女が、女性の権利について目を見開かされたのは、一九六二年からの二年間のスウェーデンでの生活でした。「当時のアメリカよりも数年先を行っていたスウェーデン人」の生活に影響を受け、当時日刊誌で繰り広げられていた「なぜ女性は二つの仕事を持たなければならないのか? 男性は一つしか持っていないのに」をテーマとする白熱した議論に魅了され、女性の権利や社会的地位をめぐる議論に目を開かれたようです。

彼女は、ハーバード・ロースクールの入学時に学長主催の夕食会の後の歓談で、学長から「（君たちが座らなければ）男性が座ることができる席を占領して」、君たちは「何をやっているのか説明するように」と一人ひとり求められました。その時の彼女の答えは「私はパートタイムの仕事を探すかもしれないが、夫の仕事について理解するのが一番大切なことだと思った」と口の中でモグモグとつぶやいたそうです。不本意とは言えないまでも、戸惑いと逡巡、そしておそらくは少しの保身があったのではないでしょうか。彼女を当惑させた質問に対して、ロースクールの三年間で、「私は自分のためにここにいるのだ、夫の内助者になるためではなく、私が法律の勉強を本当に生きがいにしており、自分自身の仕事を追求することにより、確保されている自立がほしいから」ここにいるのだと、確認することになります。この逡巡から確信への変化を、スウェーデンでの生活の中で思い出したと述べています。このシーンは、冒頭で触れた映画の中でも印象的なシーンとして再現されていました。いずれにしても、かのＲＢＧも、はじめは戸惑い、逡巡していたのですね。そして、その戸惑いや恐れに言葉を与え、「自立」への確信へと至ることになったのは、やはり当時のアメリカ社会よりも進んでいたスウェーデンでの経験があったことは、女法協の設立やその後の活動とも重なりとても印象的です。もっとも、その後、その思いが活動という形に変わっていくまでには、しばらくの期間が必要だったようですが。

講演後の写真⑥では、二本の映画にも、たくさんのシーンで登場されていたお連れ合い、ジョージタウン大学教授のマーティン・ギンズバーク氏もご一緒に柔和な笑顔をみせていらっしゃいます。彼とその両親が「ロースクールに行き、その後フルタイムで働くことを勧めた」と、実は彼女は料理が苦手で、そのためマーティン氏は料理に興味をもち趣味としているのだと、ウイットに富むエピソードと一緒に、ご紹介されています。冒頭のドキュメンタリー映画や、その他のインタビューなどでＲＢＧは、愛情をもってマーティン氏のことを語っています。

三　ビバリー・マックラークラン、カナダの最高裁判所長官の講演

とても印象的なＲＢＧのインタビューから約一〇年後の平成

写真⑥

一四（二〇〇二）年の『会報』No.40には、ビバリー・マックラークラン、カナダの最高裁判所長官の講演が掲載されています。この講演は、「男女共同参画社会をめざして―二一世紀の法曹の役割」というシンポジウムの中の基調講演として実施されたこともあり、女性法曹の役割や社会的意義が、より直截な形で語られています。

この中で、マックラークラン氏（写真⑦）は、女性が法曹界で働くことが重要なのは、法曹界は「立法府とともに、そのルールによって社会は運営され、かつ人々の権利や人的資源が行使・分配されていく」からだと述べています。

そして、「法曹界に女性がなぜ必要なのか、たくさんの重要な理由があります。女性の知恵と視点が必要とされていること、司法の場に女性が存在することで法制度への信頼性を高めること。そして人的資源としての女性を有効活用すること。そして何よりも、社会正義の追求という意味において、法曹界に女性が必要だということです。そして

写　真　⑦

「機会均等の正義であり、ジェンダーにかかわりなく、男女を問わずあらゆる人間への尊厳を目的とする正義」を公正な社会であるカナダは求めているのだと語っています。

実は、この講演の中で彼女は、二で紹介したルース・ベーダー・ギンズバーグ、アメリカ合衆国最高裁判所判事と同じ言葉、「賢いおじさんと賢いおばさんは同じ結論に達するものです」というミネソタ州最高裁の女性判事の言葉を使って説明しています。両者の主張は、異なりますが、女法協という場で、アメリカとカナダの法曹のトップが、リンクしているようで、不思議な気持ちがします。

四　国際交流の意義

お二人の印象的な講演を取り上げましたが、この他にも多くの外国法曹との交流をし、大きな影響をうけてきました。また、国連関係や、FIDAの関係の会議やシンポジウムなどへの参加、アジア・太平洋地域の法曹団体および法律家の団体であるローエイシアへの参加など、多彩な活動を展開しています。

二〇〇三年のローエイシア東京大会では、日弁連や日本法律家協会と肩を並べる協力団体として参加しました。セッションオーガナイザーとして四人の会員が、報告者として二人の会員が参加した他、多くの会員が参加しました。また女性法律家のランチセッションも主催されるなど、大きな貢献をしました。同大会の組織委員長であった三ヶ月章先生からは、これを一つのステップとして、さらなる発展を期待するという、温かい励ましのエールをいただいています。（『会報』No.42 平成一六（二〇〇四）年）

外国での法曹としてはもちろんのこと、国際機関やＮＧＯ活動などを通じて活躍されている会員が増える中、国際交流の活動は、今後も重要な柱として取り組んでいくことと思います。

実は、この章の冒頭で引用した野田愛子会員の言葉には、以下のような続きがありました。「わが協会の国際交流も、従来は、どちらかといえば受け身でした」が、「今後はもっともっと積極的に国際交流を盛んにして、各国との婦人法律家との国際連帯

写　真　⑧

前列左より若菜允子会員、女性労働協会会長・佐藤ギン子氏、カナダ最高裁長官・ビバリー・マクラクラン、野田愛子会員、若林昌子会長　2列目左より女性と仕事の未来館事務局長・井口民子氏、藤重由美子会員、日本カナダ教育文化交流財団理事長・大賀恵美子氏、手嶋あさみ会員、林陽子会員、繁礼子会員、山崎郁会員、飯塚恵美子会員　後列左よりFrank E.McArdle氏（御夫君）、カナダ大使館の方

を強め、その効果を、国内での婦人法律家を含めた婦人の地位向上に役立ててはどうでしょうか」という文章が続いています。

イースタリング女史のオススメという受け身から始まった国際交流が、様々に展開している活動を通じて、自分たち自身のそして国内外の自分以外の人たちのエンパワメントに繋がるより積極的なものに展開している様子がみてとれます。今後も、この動きを更に広げていきたいものです。

第2部

現在の活動

～60周年から70周年まで～

《会報四九号（二〇一一年六月発行）》

○　岡部喜代子最高裁判事の巻頭言

二〇一一年四九号では、二〇一〇年に最高裁判事に岡部喜代子先生が就任されたことを受けて、岡部判事から最高裁判事の日常という巻頭言を頂いておりました。岡部判事は、最高裁の仕事で苦しいのは裁判官五人が集まって合議する審議事件であり、「多くは新しい法律に関する問題、あるいは時代の変化に伴って生じた新しい法律問題です。どこにもまとまった参考文献がない、定説もない、判例・学説が鋭く対立しているというような状態の下で考えなくてはなりません。いつもいつも頭の中にその問題が渦を巻いて離れず、夜中に突然ひらめいて起きだして起案することも珍しくありません」と、真剣勝負の合議事件について紹介されています。

○　「子どもの権利」

現在さらに深刻な問題になっている児童の虐待を中心とした問題を取り扱っています。大西由紀子弁護士（長崎県弁護士会・五八期）が長崎県弁護士会の子ども担当弁護士制度

（コタン弁護士制度）を紹介されたり、子どもの権利の観点から民法の親権規定等の見直しについては山田攝子弁護士（第一東京弁護士会・三三期）が、研究会と法制審部会に日弁連委員として参加されていた立場から、法制審の審議を紹介されるなどしています。

子どもの人権保障のために弁護士にできることという点からの、子どもの代理人の必要性を川村百合弁護士（東京弁護士会・四九期）が以下のように語っています。

「親から引き離されるという子どもにとって人生の重大な判断が、子どもの意見を代弁する弁護士のいないまま、子どもの頭上でなされていく。もちろん、中学生、高校生ともなると、子ども本人の意思を無視して保護することは現実には難しいため、実際には子どもの意思を確認している例が多いが、法制度としては、子どもの意見表明権を必ずしも保障した手続とは言えない（一五歳以上の子どもについて、保護者の意思に反して施設に入所させるために児童福祉法二八条の審判が行われる場合のみ、子どもにも意見陳述の機会が与えられるが、二八条審判を経る事案は少なく、それ以外の場面では制度的には、子どもの意見表明の機会は保障される仕組みにはなっていない）。そして、事実上、子どもが意見を表明する機会があると言っても、児童相談所という行政機関に対して、子どもが独力で真の意見表明を行うことは簡単ではない。子どもが、意を決してその思いを伝えようとしても、頭ごなしに否定されて、その後は、どうせ言っても無駄」と意思表明をする気力も失い、主体的な人生選択をあきらめるという子どもは少なくない。ある女の子A子の話をしたい。A子は当時一七歳だったが、長年、母親から虐待を受けていた。父親は見て見ぬふりをしていた。一七歳になったときにA子は児童相談所に保護を求めた。児童相談所は、一応、一時保護はしてくれたが、その先の行き場として、働くことが前提の施設である自立援助ホームへの入所しか選択肢がないと言った。しかし、A子は納得できない。なぜなら、父親が母親と離婚して自分と一緒に暮らしてくれればよいのに、なぜ、悪いことをしたわけでもない自分が、家を出て、不自由な施設に住む必要があるのか。もし、父親が離婚に踏み切れないのであれば、自分がアパートで独り暮らしをするから、アパート代を出してくれ、というのがA子の希望である。しかし、そんなことを、A子が自分で児童相談所に言っても、誰も相手にもしてくれない。児童相談所は、自分たちの権限としてA子を施設に入所させることはできるけれども、父親にアパート代を出せなどと言う権限はないし、言ってもどうせ無理だと思っているからだ。案の定A子は、児童相談所の福祉司に自分では太刀打ちできないと言って、無力感にうちひしがれていた。

この段階で、縁あって、私がA子の「代理人」になった。代理人と言っても、もちろん、親権者からの委任を受けているわけではないから、現行法上は、厳密な意味での代理人とは言えないと解されるであろう。しかし、児童相談所も、委任状を見せろとまでは言わない。私が、A子の代理人として児童相談所に出向き、児童相談所の方針はA子の意思に反すること、彼女の希望をかなえるべく父親との仲介の労をとってほしいということを申し入れた。最初は腰が引けていた児童相談所であったが、最終的にはA子の言うことに理があると分かってくれて、父親を説得してくれた。これは一例だが、往々にして児童相談所が子どもを保護する際、子どもの適性や将来の進路の希望に必ずしも合致しない施設であっても、今は、この施設しか空きがないからと、空いている施設に押し込む傾向がある。また、高校に行きたいと希望している子に就労することが前提の施設を勧めたり、養育家庭を希望している子どもに、施設を勧めたりする。もちろん、根本的には、施設を含め、社会資源の不足が問題なのだが、それでも、児童相談所が子どもの意見表明を真実に受け止め、労力を厭わずに創意工夫をすれば、よりよい選択肢が見えてくることが多い。子どもに代理人弁護士が必要なゆえんである。」

○「ハーグ条約についての賛否」

批准される前の子の奪取に関するハーグ条約について特集が組まれ、賛成派の大谷美紀子弁護士と慎重派の伊藤和子弁護士が、それぞれの意見を表明されています。

伊藤弁護士は、「迅速な返還を至上命題とするハーグ条約では、返還の審理において返還が子どもの最善の利益に合致するのか、という考慮が十分に払われず『重大な危険』という極めて高いハードルをクリアしない限り返還されることになる」と、迅速な返還に重点がおかれている条約の批准は、返還が子どもの利益にならなくても返還を命じなければならない結果になると警鐘をならしました。

大谷弁護士は、ハーグ条約には賛成していましたが、以下のように、啓発の必要性や国際家事事件の課題を提唱しています。

「外国に自分の意思で住む以上、その国（在留国）の法律に服するというのが、国際法のルールです。結婚して外国に住むことになった場合に、その結婚が破綻した場合にまでその国の法律が適用されるとは考えていないのが普通だという意見を聞いたことがありますが、残念ながら、国際法の話としては、そのような理屈は通りません。旅行や留学、駐在で外国に住む場合でも、その国では日本と違って保険に入っていないと病気になった場合に大変なことになるとか、日本では犯罪とされていないことでも犯罪となるので気を付けるようにとか、子どもを一人で留守番させたり、子どもを叱り続けて泣かせていると虐待として通報されるなどの注意事項に気を付けることは、外国に滞在したり住むうえで当然に必要なこととされています。家族法も同じなのです。イスラム国に結婚して住む場合は、さすがに日本と違うという意識は働くと思いますが、アメリカやイギリス、カナダ、オーストラリアなど、西欧先進国で日本にとって馴染みのある国に住む場合、万が一そこで夫婦の問題が起きた場合に、日本とはかなり法制度が違うということが意識されていないように思います。

今後は、政府の責任においても、私たち弁護士ができること、なすべき支援としても、外国に住む日本人のために、外国の家族法は日本とは違うという情報を積極的に提供し、理解して行動してもらうことが必要であると思います。

それと共に、外国から子どもを連れ帰った日本人の母親の訴えの中には、『裁判所では自分の言い分はまったく聞いてもらえなかった』『裁判所や弁護士が日本人に対し差別的だった』ということがしばしばありますが、国際家事事件の当事者が外国でも日本でも経験する、この共通の問題に対しどう対応し取り組んでいくのか、私たち弁護士に何ができるのか、真剣に考えていく必要があると考えます。」

そして、ハーグ条約は二〇一四年四月一日に日本において発効し、二〇一八年四月からの一年では、援助申請の数が五六事案（うち面会交流が一〇事案）、子の返還申立事件が東京家裁に一八件、大阪家裁に七件という状況です。子の引渡しの執行については二〇一九年に法改正（国内の執行法は新設）がされています。実務での試行錯誤はすでに始まっていますが、実際に大谷弁護士が必要だとしていた啓発の必要性はますます高まっているでしょう。

○　朝日訴訟の代理人であった相磯まつ江弁護士の講演

研究会では、朝日訴訟の訴状を一人で書いた相磯まつ江弁護士の貴重なお話を聞く機会がありました。林紀子弁護士（二〇期）が報告されています。

相磯まつ江弁護士がこの訴訟で昭和三二年に書かれた訴状は「相磯節」に溢れたものであったそうで、末尾は「しかしながら六〇〇円を以ってしては、裁決にいわゆる「日常の身の回りの用を弁ずるために要する経費」として全く足らざるものであること論をまたず、いわんや患者が例外なくこの日用品購入費を以ってみずからの健康と生活を守るための補食に充てている実情であり、またそのことなくしては、患者の生命を保ち得ない状況を率直に見るならば、裁決が憲法並びに法律に違反し、原告の最低限度の生活を営む権利を蹂躙する事はあきらかである。」で終わっていたそうです。

裁判の進行については、以下のように語られたので、会報から引用します。

「一審の裁判長浅沼武判事および各陪席判事がよく話しを聞いてくれ、岡山療養所の現地検証と朝日さんの臨床尋問をしたことを評価し、『あの裁判官達はえらかったね。』という発言もあった。相磯先生自身は岡山の出張裁判時には、妊娠中で同行できず、それが非常に悔しかったという気持ちが今でも強い。新幹線も無い時代の岡山はさぞ遠かったのであろう。昭和三五年一〇月一九日に、日用品費六〇〇円という保護基準は健康で文化的な最低限度の生活水準を維持するには足りないもので、憲法の二五条の理念に反するとして裁決を取り消すという、世に言う「浅沼判決」がなされて、世論や運動は非常に盛り上がった。

その後の控訴審判決では、保護基準は『すこぶる低額』であるけれども違法とまでは断定できないとして一審判決を取り消し、朝日さんが上告中に亡くなり、養子の訴訟承継は認められず、裁判としては朝日さんの敗訴で終わった。しかしこの訴訟の意味は大きく、その後保護基準の大幅改善等がなされた。また、国民が憲法上の権利を自己の権利と結びつけて考えることに目を覚ました。」

相磯先生は、浅沼判決を勇気ある判決として感謝する傍ら、その後の浅沼判事の人生を知りたいと当日も問いかけられ、出席者の中から、浅沼判事は退官後労働委員会の公益委員を勤められ、七〇歳前に亡くなられたと思うとの情報があがりました。

相磯先生は、「はじめは勝てるとは思ってなかった。暗闇に鉄砲を撃つ感じであったが、あれを勝たせてくれるとは神様だなあ。」という言葉でしめくくられました。暗闇に鉄砲を撃つような感じでも、強い信念と正義感がこの訴訟の勝訴をもたらし社会を変える契機になったのです。

《会報五〇号（二〇一二年六月発行）》

○　会員が経験した「東日本大震災」

二〇一二年六月に発行された五〇号の前年が東日本大震災のあった二〇一一年です。そこで、特集の一はこの「東日本大震災」でした。

会員の方々はいろいろな立場でこの震災を経験されていて、会報にて報告くださいましたので、ここで紹介します。

一宮なほみ仙台高等裁判所長官―仙台高等裁判所長官としての罹災

一宮なほみ仙台高等裁判所長官（当時）は、「仙台高地家裁の庁舎は、大会議室や刑事裁判員用の大法廷など大きな空間のある部屋で天井が落下し、五階以上の階の各部屋で壁面収納が倒れて記録が落下するなどの被害が生じ、庁舎の安全性」は確保できない状態であったとのことです。そこで、裁判所職員総合研修所分室に災害対策本部を設置されたそうです。「テレビ画面に映る情景はパニック映画を見ているようで、とても現実のものとは思えませんでした。その夜は、雪が降り出し、心身共に寒い長い夜でしたが、広い部屋に旧式石油ストーブが一台あるだけの状況の中で、震えながら安否確認に奔走する幹部職員と」過ごされたそうです。安否確認にも携帯電話の電源不足などから五日もかかったそうですが、職員も来庁者もみな無事であることが確認できてホッとしたとのことです。高裁のトップとして大震災に向き合った際の貴重な経験談です。

3・11　震災・原発事故　あれから一年（寄稿　安藤ヨイ子弁護士・二二期）

安藤弁護士は、原発から五八キロ前後の郡山市内にお住いであり、投稿された時点で庭は〇・六マイクロシーベルト前後なので、一年では一ミリシーベルトを超える放射線量であるそうです。線量計をおいて、放射線量を毎日眺めて暮されているという日常が報告されています。大事にしていた菜園も、「私の庭で作る野菜は味が良くても、送られた人の喜ばない野菜になってしまった。私は内部被曝による癌を怖れる年齢ではないのだが、この春はまだ畑を起こす気にもならなくて、我が家の菜園は食指が動かず採り残された小松菜、水菜、油菜の黄色い花が咲き乱れ、たまねぎだけが元気な葉を伸ばしている」という状況で、一人一人の暮らしへの深刻な被害を物語られています。

東日本大震災を経験して（寄稿　佐藤由紀子弁護士・四一期）

佐藤由紀子弁護士は、仙台で被災し、三月一一日の当日は、自宅マンションは玄関から物が散乱し高齢で足が不自由なお母様が家具にはさまれて動けなくなっていたが幸い助け出され、佐藤弁護士も事務所のあるビルから二時間かけてやっと帰宅できたということです。電気・水道が復旧したのは三月一五日午後、大津波も原子力発電所の被害についても、テレビがないことからよくわからないでいたそうです。

この大震災の中で、避難所にいる女性がどんな困難な状況に置かれているかは、「それほど明らかではなく、法律相談でも、被災女性からの相談が多いという状況にはなかった。しかし、地域全体が困難な中で、女は黙って従えという意識が表面化していることに驚いた。」とのことです。また、義援金などの世帯主条項が、別居している女性への支援を妨げている」という問題も起きたそうで、「このような非常時に、平時以上に男女の平等が実現できるわけはなく、社会における女性の状況が、明確に、あるいはむき出しの形で、明らかになるのだと思い知らされた。」という感想には、誰もが共感するでしょう。

○「アラブの女性と法」

国連NGO国内女性委員会が主催した日本アラブ女性交流事業（日本とアラブ女性の交流と、それぞれの国における女性の地位向上・女性の権利保護の推進を目的とした事業）を、加盟団体の当協会が実施した記事です。一九九六年に始まった日本・ジョルダン・エジプト・パレスチナ女性交流プログラムの経緯については、『会報』No.38（柳川恒子会員）

及び『会報』No.40（奈良ルネ副会長）の報告があります。今回は、二〇一二年二月に、曽田多賀会長、紙谷雅子、大藤紀子、飯島奈絵、大石賀美の会員五名が約一週間、アラブの春と言われた民主化運動の中のチュニジア、エジプト、ヨルダンを訪問し、各国における女性の地位やかかえる問題について情報を交換し交流の輪を広げてきております。同年の秋には、アラブからのお客様を招いたシンポジウムも開催されました。訪問先では訪問団が準備したプレゼンテーションで報告をして日本の女性と法に関する説明をする機会を得ました。各国でも、女性団体の代表や女性法律家から女性の立場の現状や女性法律家の活躍などについてプレゼンテーションがあり、共通の関心事とともにそれぞれのお国事情による差異が浮き彫りになりました。

ヨルダン

ムスリムの家族関係はシャリーア（イスラムに基づく法）によって規律されており、国連女性差別撤廃条約の議会承認がまだされていないのがヨルダンです。女性は教育水準が高くても社会的経済的にそれが生かされていないこと、イスラームの教えに反しない範囲で法律を改正する余地があると考えられていることなどが、訪問団に説明されるなどしました。また、王立テレビ生放送に訪問団から二名が出演し、日本の女性進出について説明する機会があったそうです。

エジプト

意見交換ができたモナ・ズルフィカー弁護士は、シャリーアを抜きには裁判所を説得できる変革はできないと、シャリーアにおける婚姻契約解除の論理を用いて女性からの離婚請求を認めさせて、家庭裁判所の設立を実現したとのことでまさにパイオニアといえるような方。法学部を卒業した首席の女性が首席なのになぜ裁判官になれないのかと、毎年の訴訟を起こし続けて、最初の女性判事が任命されるのに五〇年もかかったというエピソードの紹介もあったそうです。

チュニジア

一九五七年のブルギバ大統領時代から脱シャリーアがはかられ、半世紀をかけて女性が活躍の場を広げつつあるということです。訪問団には、女性が裁判所長をしている唯一の裁判所であるチュニジア第一審裁判所の訪問の機会があり、チュニジアの法曹資格取得において男女の差別はないということであったが、現実には上級審を扱う裁判所に女性判事がいないという説明を受けたそうです。老人介護・高齢化社会への関心から日本のそういった家族問題についての質問が多かったとの報告がされています。

○竹信三恵子氏の講演「女性を生かせぬ国をどう変えるか」を聞いて

二〇一一年六月一一日に二〇一一年度総会が開催され、その際、和光大学教授の竹信三恵子氏による講演がありました。「女性を生かせぬ国をどう変えるか」という直截なタイトルのご講演を受けて会員の武田万里子氏（津田塾大学教授）が感想を会報に寄せてくださっています。

日本はすごく経済発展した国なのに、それが女性の活躍につながっていない不思議な国。どうしてこうなったのか？という問いから始まった講演でしたが、「こうした日本社会の把握は、一九八〇年代以降の日本の法政策の状況をよく説明することが、あざやかに整理され」ていたと、紹介されています。つまり、一九八五年の男女雇用機会均等法が成立しているが、同時に第三号被保険者制度を生み出した年金改革もなされ、また労働者派遣法も成立した年であり、まさに日本社会のジェンダー構造が固定化された年であったのです。武田教授が講演から得たメッセージは、日本がこのようなジェンダー構造の固定化をしていった一方で世界では女性が経済力をつけて税金、社会保険料の担い手としても社会を支える方向の改革がなされ、たとえば、アメリカでは企業経営改革としてワーク・ライフ・バランスへの取り組みがあった。そういう中で、日本はどういう社会モデルを目指していくのか目標とする社会のイメージをもつことが重要だということです。そして、以下に引用するように講演から明快なメッセージを頂けたと締めくくっています。

「日本に相応しいモデルは何なのか、議論がいろいろあると思いますが、日本は新しい社会の仕組みを作っていくことが不可欠で、それは日本社会の基本構造を変えることになるので、いっぺんにはいかないから、徐々に変えていくとして、どういう方向に変えるのか・変わりたいのか、私たちが、目標とする社会を明確にイメージすることが必要だということが、竹信さんの講演から私が受け取った第一のメッセージです。その際に、同一労働同一賃金の原則によって、いわゆる非正規雇用の短時間・短期間労働の雇用条件を個人の生存を保障するレベルに引き上げること、たくさんの人で仕事を分けても企業の負担にならないように、企業が担ってきた福利厚生を社会で担う仕組みにすること、こうした仕組みの変更には、女性が政治や経営の方針決定に参画することが必要だ、と思いました。政策方針決定への参画をすすめるポジティブ・アクションの取り組みが、日本のジェンダー平等への緊急の課題であることが、二〇〇九年八月に女性差別撤廃委員会から出された、日本レポート審査の総括所見でも指摘され、二〇一一年八月までに取り組み状況を報告しなければならないフォローアップ項目の一つともなっていました。めざすべき社会の目標を明確にしていくとともに、それを実現する手段についても、今後また、とりあげる機会があるとよいと思いました。」

《会報五一号（二〇一三年六月発行）》

○「女性法律家協会はどこへ向かうのか？」
歴代会長の座談会

自分たちで会の今後を考えるという企画ですが、まずは歴代会長経験者の座談会が開かれました。参加者は、田中由子会長（当時、二三期）、田中美登里元会長（一三期）、曽田多賀元会長（一九期）、横溝正子元会長（二〇期）でした。

横溝弁護士は、昭和四〇年合格で女性の合格者は二五人の時代。合格してすぐ女法協が法曹会館の食事に招待してくれ、フルコースのごちそうがなされて、二五人全員、合格して修習生になれば、みんなが入るものが当然という時代だったと説明すると、他の三人も、ほとんど強制的に入っているような感じであったと述べています。女性合格者が増えて、入会率が減っている現代とは全く違う時代に会に入られていたのです。

「男女の平等が進んだから入会しないのか」という点で、お話が進み、興味深い内容ですので以下関連の発言を引用します。

曽田　女性で集まったから何とかなるとは思わなくなったかも知れないです。やっぱり今も個々的には困難はすごくあると思うんですよ。ただ本当に頑張れて能力のある人は、女性だからだめという、はなからの拒絶が少なくなっている。私たちが始めたころは要するに「えっ、女が裁判官。嫌だよ。そんな裁判受けたくないよ」と言う人とか、「えっ、向こうの弁護士、女だよ」って、こういう感覚が多分あったろうと思います。そういう社会的なものがあったので、そうするとやっぱり何となく集まっていたほうが安心感があるというか、自分のバックになるものがあるかなというのがあったのだと思います。

田中（由）　そしてその集まった団体における発言権もありましたね。会としてのアピール力。

横溝　そうです。それでまた励まされるみたいなね。こういうふうにすれば乗り越えられ、こういうときはこういうふうに言ってみたらみたいなのが結構あったけど。

曽田　自分のロールモデルみたいな人が先輩にいた。数少ないロールモデルがあって、そのロールモデルのところで話を聞いたりするのが非常に参考になったり力を得たりするということがあったかもしれないですけど、今は日本の法律家の場合はもうたくさんロールモデルがありますから。

田中（由）　そうですね。それに、情報もあふれていますし。

曽田　情報もあるし。本当に自分が頑張れる人は頑張れば、別に女性だからといってそんなに露骨な差別があるわけでもない。もちろんこのグラスシーリングというのはありますけれども、そこそこに行く分にはやっていけるというところが……。

田中（由）　そういう意味では、割とそのひと個人を見てもらえる。個人の実力次第であると……。

曽田　そう。だから大勢で集まるよりも個人だ、個人で行けばいいという考えかな。

田中（由）　私、今そのロールモデルで思い出したんですけれども、個人的にも、例えば、大先輩の野田愛子さんや三淵嘉子さんなど、子育てなんかどうしているとか、お手伝いさんをどうしているかなど伺うのも本当に参考になりましたねぇ。

田中（美）　以前は人数が少ないということもあって、この会の中でも人的なつながりが結構あったと思うんですね。だから例えば総会に出ていっても、いわゆる団体の会議だけじゃなくて懇親会の時にや何かに、先輩後輩で個人的ないろんな話ができるというか、そうやってまたロールモデルも見つけられるしという状態があったんだと思うんですね（後略）。

また、女性法曹が全員会員になっていた時代のときと同様のことをやっていても会員数が伸びないという問題意識が共有され、ざっくばらんにお話が進みました。実務的に会員が知りたい企画を増やすという観点からは「退職した裁判官が、要するに法廷技術みたいなのを、何回かシリーズでやっていたことがありますよね、それは冊子も発行して。ああいうときはたくさん来ると思うの。いかに裁判官にわからせるか、それからこういうやり方はまずかったとか。現職の裁判官でなくても、定年退官した方でね。そうすると案外弁護士が来るかもしれませんね。（横溝）」など、裁判官の経験談などを扱うセミナーのようなものは、人が集まりやすいのではないかという指摘もありました。

また、歌手や落語家の楽しい会を大阪ではやっていて盛況だということから、東京でも楽しい企画がよいのではないかという意見も出たものの、反対に、価値観の多様化により、楽しいことが個人で異なるので、企画が難しいのではないかという鋭い指摘もありました。

横溝元会長は、昭和二五年に当時ＧＨＱの法務部にいたアメリカの女性弁護士メアリー・イースタリングさんに、「日本も女性法律家の会を作ったらどうですかとすすめられたのが契機で設立した」との設立経緯に触れて、そのような貴重な歴史的経緯から開設された専門職の団体で、実績もあるこの会をなくすことはできないと述べられ賛同を得ていました。そして、田中会長（当時）は、会は会員のためのものであるので、会員の意見を聞いて運営がされるべきこと、会員の個々人の意見が時代とともに変わるのにあわせて会も変えていくべきものであるから、会員に今回出た問題点を考えてもらいたいという結びのあいさつをされて終わっています。

若手・中堅会員による座談会

これを受け、若手・中堅会員による座談会で会の存在意義などが議論されました。参加者は、川村百合弁護士（四九期）、横溝久美弁護士（四七期）、磯井美葉弁護士（五二期）、刑部志保弁護士（六〇期）でした。横溝久美弁護士は「女性法曹だからこその苦労」は自分の体験ではなく、一定の過去の世代の方はそういう経験をされているが、現在はあまり感じられないのではないかという指摘をされて「女性法曹の地位を高らしめるという」目的のほかに、一般の女性の立場の向上という方向に会の目的がシフトしてきているのではないかとの考えを示しました。磯井弁護士は、女性法曹の価値を高めるという目的はまだ必要なのかという点について、「今さら要らないかな」と思っていたが「仕事をしてみるとやはりそうじゃなかった。女性ということが影響するというか、そういうことは後から改めて」感じたと述べています。刑部弁護士は、依頼者よりも同業者が見下げてくるという感覚があるという指摘をされて、かといって女性が集まってなにをすればそういう状況を改善できるかというと具体策がないという印象を語っています。

活性化のためには、川村弁護士から、会として意見発信の場を増やす、会としての意見が発信できない場合でも有志としての意見発信をする、メーリングリストでの女性法曹の意見交換をもっと充実させたほうがよいという意見がありました。

組織運営が中心の会になっていて外部への働きかけとか、情報発信や情報交換がうまくできていないという実情が認識されました。法律相談事業の方向転換の必要や、幹事会の活性化、一般会員の動員といった点についても意見交換がされました。現在は、女性会員もメリットを感じなければ入会しないという現実的ですが当然の指摘もされています。

《会報五二号（二〇一四年六月発行）》

○　連続講座「憲法と家族」

二〇一四年の五二号の特集は、連続講座として行った「憲法と家族」でした。連続講座の企画趣旨は、「一言で言えば、マスコミの報道が集中している集団的自衛権だけが憲法の問題ではなく、私たちの生活に直結する家族についても、憲法改正の影響が及ぶことを広く知っていただきたかったということ」でした（金澄道子弁護士・「憲法と家族」連続講座の企画趣旨）。憲法改正の議論の中で個人の尊重・自己の権利を強く主張する社会ではなく、先人の築いてきた伝統を受け継ぎ絆を尊重するべき、個人の尊重だけに流れてはいけないという意見もある中で、「家族の視点から考えると、家族の多様性を求めたり、現行の法律婚の枠をはみ出して婚外子の差別是正を求めたり、選択的夫婦別氏制を主張することにより個人の平等や幸福追求権を尊重することは、我が儘とみなされてしまいそう」であることに大きな危機感を抱いたことが背景にあったとも、金澄弁護士は述べています。

ドイツ法との比較を講義された広瀬清吾専修大学教授は、「日本の家族法の問題を考えるために、ドイツを比較の対象として持ち出す場合には、第二次世界大戦後の家族法発展史の違いを確認しておいたほうがよい」と指摘されました。「日本は、戦後改革としての家族法改革によって、当時の世界で比較法的にみて先進的な家族法を作り出したが、その後、社会の変化に対応すべき家族法改革が停滞したままである。これに対して、ドイツでは戦後改革としての家族法改革に見るべきものがなく、また六〇年代まで微温的な改革に止まっていた」が七〇年代後半以降において、「新しい家族法の求める社会的エネルギーが蓄積され、次第に家族法改革を促していった」とのことです。「日本の戦後家族法は、戦前の家制度が個人の尊厳と根本的に矛盾し、これを克服するべく生まれたものであるが、その駆動力は社会的な改革のエネルギーというよりも、主権者の転換というより大きな理念に導かれて、いわば「上からの改革」という趣をもっていた。いいかえると、日本の戦後家族法改革は、社会の具体的な矛盾とそこから生じるエネルギーが立法者を動かし、家族法を改革するという経路を日本社会の経験として定着させたものではなかったのである。その後の日本の家族法改革の停滞は、この原体験と関わっていると思われる。」と我が国で家族法の改革が進まない理由は、戦後の家族法の大改革がそもそも日本国民の社会的な経験からの社会的エネルギーによるものではなかったことに原因があることを指摘されています。そもそも、「日本国憲法に先導されて実った戦後家族法」は、当時であればドイツよりはるかに先進的であったのに、現在では国民の社会的エネルギーでの改革を経たドイツと比べれば古臭く「賞味期限が切れた」状態であるそうです。そして、「世界標準の家族法に追いつくことを目指した一九九六年の法制審議会の民法改正要綱案は、政府と国会がネグレクトしたままである。おまけに、自民党改憲案は、日本国憲法以前の家族像を持ち出している。この中で、辛うじて、裁判所が非嫡出子相続分について違憲判決をだした、というのが日本の現況である。」ことを指摘されました。

◯　辻村みよ子明治大学法科大学院教授の三回の講座

辻村みよ子教授は、フランスの現状や日本との比較についても説明されたので、前述のドイツのお話に合わせて理解すると日本の問題も浮き彫りになろうかと思われます。以下、その部分を紹介します。（この部分は多くを日仏女性学会主催の本に依拠されたそうです。）

フランスでは二〇一〇年においてすでに婚外子が半数以上を占めるという現状であり、子をもつための選択肢が婚姻であるということはなくなっていること、一九九九年に法制化されたパクス（連帯民事契約）により、法的契約による事実婚と同棲などの自由婚等、多様な形態の中で子を産んでいることが紹介されています。重要なのは「フランスでは、婚外子の母はシングルマザーを意味せず、男女カップルであることが一般的であることが日本と大きく異なる点」であるそうです。パクスについては、パクス登録カップルの二〇〇五年の税制改革での所得税法上の優遇、二〇〇七年には相続・贈与上の優遇措置が取られて急増したとのことですので、税法や相続・贈与の法制度による優遇を異性カップルが婚姻以外の形態の関係を好んだ背景にもあったようです。人間は現実的な選択を男女関係の選択においてすることは、婚活女性が男性の年収を気にするわが国でも同じでしょう。フランスはそもそも婚外子が私生児を意味していた点では日本と同じであったそうですが、フランスの二〇〇五年の民法改正で私生児が婚外で生まれた子として整理され、中立的な呼称が使われることとなったそうです。

日本との比較という点では、辻村教授は家族観の違いと家族政策・社会保障の重要性を説得的に述べられています。

家族観の違いは、日本の場合、家族の一体性を家父長制や同氏原則によって守ることでしか出生率を上げられないという思い込みがあるという点が指摘されています。そして、フランスが多様な子の持ち方を認めるパクスの導入に進み、制度改革によりそれが利用されるようになり、出生率も二〇〇八年には「2」に回復、二〇一〇年には「2.03」となって、ヨーロッパ諸国と比較して高い出生率を実現していることからして、この思い込みが現実に合っていないということを指摘され、さらに社会政策の重要性についてこのように述べています。

「婚外子の保護や手厚い家族政策・社会保障があるフランス等の例を見れば、法律上の婚姻制度の保護だけが、出生率を挙げる手段ではないことがわかる。実際、フランスでは、家族政策が手厚いことが出生率を回復させた大きな要因である。例えば、出産休暇は日本が（産前六週＋産後八週の）一四週であるのに対して、フランスでは一六週で、給与も一〇〇％が医療保険から支払われる。第三子以上の場合は、二六週（八〜一〇週）＋（一六週〜一八週）が認められている。さらに、子が病気の時には病気休暇がプラスされ、父親休暇も認められている（スェーデン一九八〇年、デンマーク一九八四年、ベルギー、スペイン、フランス、オランダ、フィンランド、イギリス等でも一九九〇年代後半からパパクオータ制が導入された）。フランスでは、二〇〇二年から父親に一一日（生後四カ月まで）の休暇が認められ、給与の一〇〇％が支払われる。このため、二〇〇四年には三分の二が取得している。育児休業についても、日本が一年間のところEU諸国では三カ月が一般的であるが、パートへの移行や職場復帰が十分に保障されている。日本では四三．九％（二〇一〇年）が出産退職するのに対して、フランスでは第一子出産後の退職は殆どなく、三歳未満の子を持つ女性の八〇％が就労している（六六％がフルタイム）。さらに三歳までは保育ママ、三歳以降は幼児学校が充実しており、家族政策（子育て支援）も、日本では児童手当等三種類だけであるのに比してフランスでは八種類以上ある。」

そして、社会政策・家族政策を手厚くすることによって、子育て世代の就労を確保し、男女共同参画を進展させる実例がフランスに存在しており、日本のように専業主婦の優遇によって少子化が克服できるというのは時代錯誤であると結んでおられます。

○ 村木厚子氏の講演「女性の力に期待する」

村木厚子氏は、厚生労働省雇用均等・児童家庭局の局長であった際に、郵便不正に絡む厚生労働省の偽証明書発行事件で、虚偽有印公文書作成・同行使の罪に問われ、逮捕から保釈までの拘束一六四日の経験を経て、大阪地裁で二〇一〇年九月一〇日に横田信之裁判長より無罪判決の言い渡しを受けていますが、その貴重な体験を二〇一三年三月六日の総会の際の講演で語ってくださいました。

印象的であるのは、ある検事の最初の取調べでの彼が言った言葉は、「私の仕事はあなたの供述を変えさせることです」という言葉であり、取調べをしていく中で、二人の検事が「執行猶予が付けば大した罪じゃないじゃないですか」と同じことを言ったので、とても驚いたとのエピソードです。長く公務員としてキャリアを積んできた村木氏にとって、犯罪者になるかならないかが大事なのであって、そんなことを自分に置き換えればわかるはずが、取調検事はそこが麻痺していたということだろうと思われます。村木氏は、国民と感覚がずれていると泣いて抗議をされたとのことです。それには、取調検事もそうかもしれないと回答されたそうです。

また、「担当をしてくださった裁判官を見ていて、無罪を書くことが本当にどれだけ大変かということはよくわかりました。」「控訴は絶対やっても無駄だというのがわかる判決だったと聞きました。よい裁判官がいるということを知りました。」と無罪判決を書いた担当の裁判官たちへの苦労をねぎらわれ、「それから、弁護士さんがとても素晴らしい方々で、こういう人たちが自分を守ってくれるということもよくわかりました」と弁護士に対しては、大変心強いお言葉もありました。さらに、「それからもう一つ、検察の中で、戦ってくれた人がいたということが後でわかりました。やはり、これはとても嬉しかったです。この事件は裁判をこれ以上続けるのを止めるべきではないか、あるいは、こういう嘘を隠したままでいるこの組織の在り方は間違っているのではないか、と中で言ってくださった検事さんたちがいたということも、とても嬉しかったです。」と、検察組織についても冷静な見方をされています。

刑事事件での弁護人六人のうち二人が女性であり、その女性弁護士が「無罪をとるため」の条件として語ったのが、「スジが良い、タマが良い、検事がバカ、弁護士が利口、裁判官が利口、プラス、運が良い。」と教えてくれたということから「運が良いまで加わらないと無罪はとれないということで、やはり怖いと思いました。調書に頼り過ぎて、調書さえ作ってしまえば後のことがとてもおろそかになっているし、そういうことを裁判官が一般的に検事を信用しているという中で、やっていると、やはり検事の能力が落ちていくのではないか」との観点から、今後の改革の必要性を強調されています。

このように検察のストーリーにより逮捕され長期の身柄拘束を経験されて無罪を勝ち取った村木氏がその経験から学んだことを赤裸々に語ってくださった貴重な講演でしたが、最後にこのように刑事手続の改革に関して、伝統を壊すエネルギーとして女性への期待を語ってくださっていますので、引用します。

「警察や検察は間違えないというものすごいプレッシャーがかかっているということもある。そういう神話を打ち破っていかなければいけない。そのために、新しい刑事司法制度も動き始めて議論が進んでいますから、ぜひ録音・録画を初めとして、制度的に良い方向に向かう改革をしていただけたらと思っています。特に今までの伝統格式がある分野ですから、そこを壊していくにはやはりエネルギーがいる。女性はそういうエネルギーになれると私は思っているので、女性の方が増えていくことはとても期待をしています。」

○鬼丸かおる最高裁判事に聴く〈インタビュー一部抜粋〉

インタビュアー副会長川村百合（東京弁護士会、四九期）

女性ならではの感性が、最高裁の判決・決定の結論に影響することがあるのでしょうか?

それは、女性というより、社会的弱者への理解とか共感の問題ではないでしょうか。

例えば、スーパーでおにぎり三個万引きしたという類の刑事事件の上告も多いのですが、形式的に窃盗だと言えば、そのとおりです。でもその被告人は、おにぎりを盗まなかったら、飢え死にするしか途はない。常習的だとか、遵法精神の欠如といって刑罰を科しても解決はしないと考えこんでしまいます。社会的に強者として生きてきた人には、実感として分からないのではないでしょうか。女性は現在も決して強者の立場とは言えない。弱者の気持ちを理解しやすいと言えると思います。（略）

総じて女性は家族に目を向けなければいけないと見られがちです。育児にはそれが極端に現れますが、親や病人の介護などの家庭事情は、女性が負担をして当たり前、あるいはそういう可能性を抱えている性と見られていますから、女性は弱者の視点に立ちやすいということだと思います。

弁護士としての経験を踏まえた意見、信念は、最高裁でもそのまま通用するのでしょうか、それともやはり立場上曲げなければいけないこともあるのでしょうか？

弁護士は依頼者の利益のためという基礎がありますね。そのために主張・立証する。裁判所が採用しない可能性があっても、依頼者のために訴訟活動をしなければならないこともあります。依頼者の利益をどのように考えるかには、論議のあるところですが。私は依頼者の目先の利益に重点を置くよりも、社会的な妥当性、格好良く言えば社会正義というものも依頼者の利益だと考えていましたから、弁護士時代の意見や信念は、今の立場にもほとんどそのまま持ち込んでいます。

例えば刑事事件では、人質司法と呼ばれる状態は変えたいという思いがあるので、身柄事件については、敢えて発信するようにしています。弁護士なら準抗告の中で主張したいように主張できますが、最高裁ではそういうわけには行きません。特別抗告の理由に該当しなければなりませんから。しかし問題を感ずる時には、審議にしてもらう等発言するようにしています。駄目もとで。すぐには状況は変わらないでしょうけれど、言わなければ絶対変わらないですものね。

実際には、男女の問題で賄いきれないような、性同一性障がいの方がいたり、男女ではないカップルがいたり、これまでの法律では対応できない問題が生じていますが、最高裁として事件を見ていていかがですか？

本来、国会で新たな立法で解決する問題だと考えています。裁判はあくまで個々の事案解決でしかありません。裁判では立法できませんから、様々な場合を想定して、予め規定を作るのは立法の役割です。裁判で個々の事案について判決を出すと、解釈や射程距離を巡って、社会的な混乱を起こす可能性があります。

先日も、性転換手術をした夫の子の戸籍の問題の判決がありましたが、性同一性障害者特例法を制定したときに、親子問題も規定しておくのが筋だったと思います。

―女法協会員へのメッセージ―

鬼丸先生と女法協との関わりについて教えてください。

女法協というのは入らなければいけないものだと思っていて、修習生のときに入会しました。東京に移って入った事務所に女法協の事務局が置かれていましたから、女法協の存在がいつも傍にありました。

そして幹事をなさったり、副会長をなさったりしたんですね。先生の最高裁就任時の報道で、女法協副会長というのが報道されていて、女法協の知名度が上がるといいなあと思いました。「今の時代に、なぜ、女性だけが群れる必要があるのか？」という女性法曹の声が増えてきているように思いますが、先生はどうお考えですか？

女性が集まることの意義は、懇親や癒しの場を得ること、そして女性が男性と対等に働くための知恵やチャンスを協力して作り上げることだと考えます。

仕事に就くと、学生時代のような友達は得にくいですね。でも学生時代の友達にはなかなか会えなくなる。仕事では常に鎧兜を着ていなければならない。けれども女法協に行くと男性相手では話せないことも話せて、ほっとしますし、先輩からの知恵や経験を教えていただき、仕事の情報も得られる。女性ならではの視点を共有し、今後に活用できる場だと考えています。

確かに、今では、女性法曹が増えたので、派閥でも女性の活動の場ができて、女法協でなくてもよくなってしまったという意味で、存在意義が問われるかもしれません。

女性が家事育児の負担をアピールできるようになったのは大きな進歩ですが、それを当然視されてしまうことには残念な気持ちがあります。私より以前の女性法曹は大変な御苦労をされて途を切り開かれてきたのです。今、女性が仕事上でそれほど差別されないのは、諸先輩の御尽力のお陰だということを忘れないでいただきたいと思っています。

女法協の会員向けに、メッセージをお願いいたします。

今後、家族のあり方や生殖補助医療を巡る法的な問題が加速度的に増加するように思います。そのような分野では、女性法律家が先陣を切って研究することに重要な意義があると思います。

また女性には、出産・授乳あるいはその可能性という男性にはない機能があります。この点だけを保護されれば、それで労働の場における男女の差が完全になくなるというわけにはいかないでしょう。保護の範囲が広がれば、逆差別という批判も当然に出ることでしょうし、この二点のみの保護で良いわけでもありません。本当は育児の負担の方がずっと大きいのです。育児を誰がどのように負担していくか。昔ながらでありながら今日的な問題について、先頭を切って女性法律家協会が、法整備を含め制度設計するなどしていけるようになると素晴らしいですね。現在は、日本の労働人口が減る危惧や世界の女性登用の潮流もあって、日本でも女性の労働力が注目されるようになりましたが、外国人労働者の流入やロボット機能の向上なども予想され、今後の労働力の需要状況は大きく変化する可能性があります。そこで生む性に対する考え方が今のままで推移するかには、疑問なしとしません。安穏とはしていられない時代が来るかもしれないのです。

今、女性が下駄をはかされているとすると、将来、下駄がなくなるのが理想だと思われますか？

女性は出産・授乳から免れられない性です。実際に出産・授乳があるかどうかは別として、いつかそうなるかもしれないという可能性だけで差別される状況がありました。その差別を埋めるための下駄ですが、その下駄の歯の高さは経済・社会状況でいかようにも変化する可能性があります。また出産と授乳はわずかの期間です。その期間を過ぎたら、保護があったことが負の形で跳ね返る可能性があります。保護の期間が終われば、男性と対等に業務をこなすことが要求されるでしょう。

その意味では、保護があって働き続けられた分、女性には厳しい状況が待つことになるかもしれません。下駄がなくなるのが理想とは思いませんが、下駄の歯の高いことに慣れてしまうのも危険だと思います。今は、女性の「登用」が叫ばれていますが、それが逆差別という声も根強いですし、下駄の歯が低くなったときに、耐えられるような覚悟も女性は常に必要かと思います。現在の下駄の高さは、時代の要求の面があることと、過去の女性先輩の努力の賜だということを忘れてはならないと思います。

《会報五三号（二〇一五年六月発行）》

○連続講座「生殖補助医療と人権」子の出自を知る権利の保護をどう制度化するのか

特集の「生殖補助医療と人権」というテーマは、最先端でしかも重いテーマでした。この件に詳しい牧本真由美氏（ＮＨＫ記者）が、第三者がかかわる生殖補助医療において子どもの権利との関係で我々が直面している課題を説明してくださった講演録から以下、引用します。

（ＮＨＫ放送文化研究所の二〇一六年一〇月の）「調査では、精子提供、卵子提供、代理出産を含む第三者が関係する生殖補助医療全般について、「子どもは知らされるべき」が二一%、「知らされるべきでない」の一三%とともに低い結果でした。多かったのは、「夫婦に任せるべき」の六四%です。生殖に関することは夫婦の問題だ、という意識が強いのが分かります。しかし、子どもの権利の視点で尋ねた質問では、「子どもに出自を知る権利がある」が四六%、「子どもに出自を知る権利はない」は一八%でした。子どもの権利は認めよう、という方向ですが、この結果を見て、私は一般の人も、態度を決めかねている状況なのだと思いました。『これが正しい』という考える基準やよりどころがないがために、分からない、というのが現状だと思います。

また、卵子提供に関しては、国内で限定的に行っている医療機関の団体が、実施した夫婦を継続的にフォローしています。そもそも、治療の前に、カウンセリングなどで、子どもの出自を知る権利の大切さを夫婦に理解してもらっているはずです。しかし、告知は進んでいません。まだ子どもが幼いということもあるかもしれませんが、団体によると、夫婦にアクセスすることさえ拒まれることがあるそうです。生殖補助医療を受けたことを知られたくないから関係を絶つ、こうなったら団体はどうしようもありません。夫婦は、治療を受ける前と子どもを授かった後、ずっと同じ気持ちを維持することは、困難なのだと思います。

告知すべきか分からない、すべきだと言われても今の暮らしを壊すのではないか、子どもを驚かし傷つけるのではないか、夫婦はずっと悩みと隣り合わせです。以前取材した、海外で卵子提供を受けて男児を授かった夫婦は、子どもが小学生になっても伝えるべきかどうかの結論が出ず、悩み続けていました。子どもが夫婦と異なる趣味に興味を持ったときなど、提供者（以下「ドナー」という。）に似たのかなとドキッとするといいます。子どもが突然気づく前に言うべきだとも思うそうですが、どうしても、言うと決断できないのには、理由がありました。夫婦は、ドナーの情報をほとんど持っていません。仲介業者はすでに倒産していて連絡がつきません。夫婦は、本当かどうかも定かでない、ほんのわずかな情報しか持ってないのです。もし、卵子提供を受けたという事実だけを子どもに伝えても、子どもがドナーについて知りたいと思ったときに、親として何もしてあげられないことに悩んでいたのです。匿名での提供であること、海外の仲介業者で、保障はないまま言われるがままに信じるしかなかったこと。夫婦はいま、どうしようもない壁にぶつかっています。子どもとの生活に幸せを感じながら、その奥底では、告知すべきか、したとしても子どもの望むことを親としてしてあげられないかもしれない、と悩みながら、子どもが気づいてしまうかもしれないと怯え、苦しんでいました。

子どもの側からの出自を知る権利については……一つ、感じていることがあります。子どもたちへではなく、苦しみを訴える子どもは小数だ、と言う人たちへの矛盾です。告知しない親が多いのだと思いますし、悩まない子どももいるのだと思います。

しかし、声を上げている人が少数でも、苦しんでいる人がいる以上、第三者が関係する生殖補助医療のあり方について議論しなくてはいけないと思います。たった一人であっても、生殖補助医療が原因でひずみが生じているのであれば、命を授けた責任があると思います。」

子供の立場から、出自を知る権利をどう守るのか、制度の整備が必要であることを、痛感されられるお話です。

○　田中優子総長の講演「志とそれによって得た立場が女性の視野を広げる」

二〇一四年六月七日の総会の際、法政大学総長になられた田中優子氏が歴史学者としての深いご教養を背景に、「女性の地位と働き方」という題で素敵な講演をされました。

「私は大学院の専攻長を経験し、学部長を経験し、それから総長になったのですが、その一つ一つの立場で、景色が違うのは確かなのです。見るべき対象が違う、見るべき対象の規模が違う、ということです」と、人は地位によってより広い視野をもつことができるということを述べられ、「女性たちが現実的な選択だけしていると、女性たちの視野はやはり広がらなくなるだろうという実感があります。視野が広がることによって何が起こるのかと言いますと、自分が組織の中で その組織に責任を持っているのだ、という自覚が生まれます。それから、組織に責任を持っているということが、自分の発言に影響します。自分の意見だと言って済ませるわけにはいかない。様々な交渉事の時には、相手の意見を聞かなければならない、どんなに酷い意見であろうとどんなに異なる意見であろうと、意見を聞かなければならないということも経験する。それはもう明らかに視野の広がりになっていきます。」と、女性が組織の中で重要な地位に立つことで自分の視野を広げることが期待できるということをおっしゃいました。

樋口一葉の日記からは、樋口一葉が自分の近くにいる男性を三つに分類していたという面白いエピソードを教えてくださいました。「第一は社会的地位を価値とする、いわゆる立身出世主義の男性です。この典型に樋口一葉の婚約者がいます。渋谷三郎という人と婚約をするんですが、一葉の父親が亡くなった時に、この渋谷さんは婚約の破棄を言ってきています。なぜかと言うと、樋口家にどれくらいお金があるか分かったのです。無いということが分かったんですね。財産が無いということが分かった途端に婚約を破棄してきました。で、この方は財産のある新潟の大きな旅館の娘と結婚して、その家のお金でドイツに留学して、ドイツで離婚法を学んで帰ってきて、帰ってきたらその娘と離婚して、それからその後で華族の娘と結婚します。つまり、お金、学位、地位、その後は社会的な名誉と、あからさまな立身出世主義です。……第二は金銭を最大の価値とする男性です。これはもう既に明治の時に出てきていまして、投資をしたりコンサルタント業をおこなってお金を儲けるタイプです。占い師兼投資家の久佐賀義孝という人のところに一葉は足繁く通って、何とかお金を借りようとして、本当に何度かお金を借りています。お金を借りているうちに久佐賀さんは、お金を貸したんだから妾にならないか、と言ってくるんですね。「いや私は自分の才能を育てて自立しようと思ってお金を借りてきたわけだから」と言って、日記の中で怒っている。しかしお金を渡した以上妾だろ、というのは多分その当時の男性たちの常識なんだろうと思います。それとともに、お金こそ権力だ、お金こそ大事だ、と思っている人もすでにたくさんいました。……第三は「知識」を権威とする男性です。一葉が非常に憧れていた半井桃水という朝日新聞の記者がいました。連載小説なども朝日新聞に書いている、朝鮮語ができる対馬藩の人です。その人に小説の書き方を教わって、一葉は近代小説を書けるようになっていくわけなのです。とても好きな気持ちが日記から伝わってくるのですけれども、しかし同時にものすごく冷たい目で見ています。「この人の小説なんか」というような考えが、言葉の端々で分かるのです。半井桃水が書いた小説を褒めた人について、「あんなものを褒めるのか」と思えるようなことを書いているんですね。男性として好きというのと、本当の文学をやっている、自分が考えるような文学をやっているかどうかというのは全く別の問題、それを切り離している。そして自分の文学上の価値観は、それはそれとしてちゃんと育てていると言うことが分かります。」と、樋口一葉が文学への「志」を強く持っていたことを紹介されています。

田中優子氏は、才能を展開していくためにはどのようにして生きるべきかという点で「元始女性は太陽であった」と言った平塚らいてうを高く評価されて、「日本の社会の中ではどうしても、もっと優先する社会的な役割であるとか、社会的な自分というものが前に出てきてしまって、その次に自分の能力を考えるという、優先順位が違うんだと思うんですね。それは考えてみれば、明治以降の日本の男性たちもそうだった。社会に自分を合わせるということが最優先事項になった。それを最優先事項にしてしまうということは男性と同じように生きていくということ。女性は別の生き方、まさに「真我」を発見してそれを育てていく生き方が大事だとらいてうは考えていた」と語られ、らいてうは、女性は男性をまねるのではなく、自分を発見して育てていく生き方を理想とするべきだと考えていた点を強調されました。

「歴史をずっと遡っていくと、江戸時代の女性はどうだったか。先ほど婿入りという話をしました。明治にも婿入りが非常に強く残っていたということは、江戸時代にはもっと婿入りが多くて、更に遡ればもっと婿入りが多いのです。つまり日本の婚姻では婿入りが大変重要な婚姻形態であって、次第にそれが少なくなってくるのですね。中国は家父長制度です。江戸時代になるとその家父長制が入ってきますので、武士の世界は家父長制になりますから、武士の世界では嫁入りしています。もちろん武士の世界でも、次男三男にとって、良い家への婿入りは最重要事項です。商人の世界、芸人の世界などでは、婿入りはよくある普通のことで、才能がある男性が大きな企業つまり店や家に婿入りをして、それを継いで、それを育てていく。例えば伊能忠敬は婿です。伊能忠敬は婿入りした先の家を非常に大きくして、村全体の中でも大変大きな役割をする。村に貢献するほどの家に育てて、そして隠居後、自分のお金を持って江戸で学問をした後、自費で全国調査に出かけて行っていたことがあり、女性もまた普通に働いていた。働いていないのは人口の一〇%にも満たない武士の奥さんくらいで、それでも下級武士の奥さんはやっぱりお金が無くて、機織りや野菜作りをしています。ほとんどの女性は機織りと裁縫ができるので、この職人的技能で、地方でも都市でも現金収入を得ることができました。現実には、男性依存ではありませんでした。」と江戸時代の女性は経済的に依存していなかったし、家父長制も一部の制度に過ぎなかったことをこの講演で明らかにされ、女性の男性への経済的依存は特殊状況だと。そして、最後に、がんばった結果、立場・地位に就く機会があったら、それに取り組んでほしいというメッセージをこんなふうに女性たちに投げかけて締め括られました。

「(女性が働く場合) 働くというのは男性と同じことをすることなのか、と常に問いかけなければならないし、ある地位に恵まれるというチャンスがあったら、それは自分が別の視野を獲得できる機会だと考えて、それをしっかり受け取っていく、という過程も非常に重要なのです。」「地位というのはがむしゃらに求める」のではなく「志を持って、やりたいことがあり、それをおこなう能力を磨いていれば地位はおのずとついてくる。そういうことなのだろうと思うのですね。そこに出現するチャンスに遠慮する必要はない。」と。

志をもった女性がチャンスを得たら迷わずその地位につき、その地位によってまた視野を広げてほしい、そうやって「真我」を見つけてほしい、という深いメッセージをこの講演で頂いたように思います。

《会報五四号（二〇一六年六月発行）》

○　連続講座「生殖補助医療と人権」

五四号の特集一は、五三号に引き続き連続講座として行った「生殖補助医療と人権」でした。生殖補助医療について多様な立場から講師をお招きし、ご講演いただいた内容を紹介しています。

まず、二〇一五年七月に東京医科大学産科婦人科の久慈直昭先生から「不妊症治療における配偶子提供とその問題点」と題して、提供精子を用いた人工授精（ＡＩＤ）の実際や告知の現状、子の出自を知る権利について、諸外国を含めた様々な実例をご紹介いただきました。ご講演においては、「適切な時期に真実を子どもに伝えれば親子関係は安定するが、そうであってもやはり子どもは提供者の情報を必要とする。ＡＩＤで生まれた子どもにとって、出自を知る権利が必要である理由はいくつかある。第一に、遺伝情報が喪失することにより、疾病遺伝子（劣性遺伝疾患、遺伝性がん症候群など）。病的体質等の情報が失われる。これには、提供者が得意な分野の情報が失われるという『有用遺伝形質利用機会の喪失』も含まれる。第二に、同じ提供者から生まれた子ども同士が結婚してしまう、近親婚のリスクが回避できない。第三に『どこから、どうやって生まれてきたのか』『遺伝の系譜はどうつながっているのか』など、自分が、ここにいることを実感として確認するためにも、どうしても提供者の個人情報が必要な場合がある。」と出自を知る権利の重要性をご指摘いただきました。また、その権利を認めるにあたって考えるべきこととして、「親子関係の法的確定の必要性」、「子どもと提供者の接触の方法」、「遺伝的に安全な提供者をどのように確保するか」といった問題点があることも指摘されました。

二〇一五年九月九日には、「ＡＩＤで生むということ。育てるということ〜ＡＩＤで家族となった親の立場から」と題して、ＡＩＤにより子を授かられた当事者の方からご講演いただいています。

ご講演では、夫の無精子症を知ってからＡＩＤという治療を知り出産に至るまでの葛藤、子どもの成長を喜びながらも秘密を抱える不安と孤独、親の会に繋がることができ勉強会を通じて子の出自を知る権利に向き合い、夫婦で何度も話し合い告知に至ったこと、自民党内で議論されている法案に子の出自を知る権利が全く触れられていないことに絶望されたことなど、赤裸々に思いをお話してくださいました。お子さんへの告知を決意されてから実際に告知されるまでの葛藤については、次のように仰っておられます。「無精子症と告げられた瞬間からの出来事を、当時の気持ちを、ひとつひとつ思い出し捉え直す必要がありました。閉じこめてきた感情を出すことは何度も涙を流す辛い作業でした。最後にどうやって子どもに伝えようかと考えて、紙芝居を作ることにしました。ドイツの告知のための絵本がとてもカラフルで優しい印象だったので、自分なりに子どもを主人公にしたお話を作りました。この作業を経て自分の中で初めて治療を肯定できました。無理やり考えを変えるのではなく、子どもの誕生の過程を心底喜ばしいこととしてお祝いできるようになれたのです。自分たちの選択に自信が持てた瞬間でした。そして子どもの命が二人にとってかけがえのない宝物だと改めて抱きしめることが出来ました。

何が起きても揺るがない、子どもと一緒に三人家族で乗り越える覚悟が出来てようやく告知をすることが出来ました。子どもは素直に受入れてくれました。それまで疑ったことすらなかったけれども、母親の様子が変なことに気付いていて心配していた事を話してくれました。父親のこともそれまでと変わらず父親として慕っています。嘘のない家族になれて、ありのままの形で心の底から安らげる場所を、家庭をようやく得ることが出来ました。」

そして、当事者として悩みぬいてきたお立場から、「親になる資格が自分にあるのか、親の責任とは何なのか、安易に医療技術に手を出しているわけではないことがどうしたら伝わるのだろうかと考えています。」、「日本が不妊という生き辛さや社会からの孤立、ありのままに生きられない辛さを解消し、多様な家族観を共有できる社会に変化していくことができるのか、その分かれ目に私たちはいます。生殖補助医療が産業として莫大な利益をもたらすだけの技術に成り下がるのか、いのちの始まりを誰かから搾取し、お金さえ出せば買える国を目指すのか、そうではなく、子どもたちのために出自を知る権利を保障し、その成長を丁寧に社会全体で見守る国を目指すのか、法案の内容はそれを左右すると思います。」、「誰かが変えてくれるわけではない、社会を変える事が出来るのは、自分たち当事者だけだという自覚と覚悟がこれから治療を選択する人達には必要なことなのかもしれません。」とお話しいただき、私たちそれぞれがこの問題に向き合っていくべき姿勢を深く考えさせられました。

さらに、二〇一五年一一月九日には、広島ＨＡＲＴクリニック顧問の高橋克彦先生から、「わが国における卵子提供体外受精の現状と問題点」と題して、１法整備、治療の法制化、子の法的身分、２提供者の確保、３告知の問題、４渡航治療、５倫理についての問題点をご指摘いただき、二〇一六年二月一八日には、東京都立墨東病院産婦人科の久具宏司先生から「際限なく拡がる生殖補助技術」と題して、生殖補助技術によってさまざまな状況の男女が子供をつくることが際限なく拡がりうる現状についてご講演いただきました。

私たちは、このような現状にどう向き合い、考え、行動していくべきなのか。久具先生からご講演最後にいただいたメッセージを引用します。「技術の進歩は止めることはできません。それをどこまで行うのか決めるのは人間です。また、このような問題のルールを決めるにあたっては、他の国の考え方と日本の考え方が必ずしも一致する必要はなく、日本固有の考え方に基づいて日本人みずからが考えなければいけないと思います。子供は「さずかる」ものから「つくる」ものに着実に変わってきています。」

○「岡部喜代子最高裁判事に聴く」

五四号の特集二は、最高裁判事である岡部喜代子先生へのインタビュー記事でした。法律家になろうと決意された高校時代、法解釈学の面白さに感動した大学時代、裁判官時代の出産子育てとの両立、退官後に大学教授として学生たちを指導されていた際のエピソード、最高裁判事になられてからの仕事や日常のご様子などについて、ユーモアを交えてお話くださいました。法律家として大事な資質とは何かとの質問に岡部判事がお答えくださった内容を以下のとおりご紹介します。

「私はいつも思うのですが、一つは想像力とか洞察力だと思います。何が不満で何を問題としているのか。表面ではなく本当はどうなのかということを考えられることかな。問題が出てくる度にいろんな目で見なければいけないのに、こういう人だと固定的に決めつけて、それ以降その考えが動かない人がいます。最高裁で見ていると、弁護士さんの力量が物凄く大きいということが分かります。地裁にいたときは弁護士さんの力量はそんなに勝敗に関係ないと思っていました。しかし、最高裁にきて訴訟記録を見ていると、勝つべきなのに勝ってないということがあるわけです。なぜかと考えると、この人はこの人自身が見立てた事件のとおりに進めていて、別のところに本質があることに気がついていない。事案にあった主張を、何か分かる度にそれに合わせて主張や立証をしなければいけないのに、最初にこうだと思うとそのまま進めてしまうからです。それはどうなのかと思います。そして、知識不足や勉強不足も問題です。私が薦めているのは事件が来る度に教科書を五冊、関係するところを読むということです。知識として入っていると思うことでも、もう一回読んでみると足りないところやこういう面や方向があるんだということに気がつくと思います。その二点ですね。法律家として私たちはプロだから技術を磨くということと、人間的な柔軟性や洞察力を鍛えるということですね。」

岡部判事は、最高裁判事として年間約四〇〇〇件を担当されている現在も、「争点として気になる部分やその前後、その法律がどういう利益とどういう利益を調整しようとしているのかという総論部分を中心に」教科書を五冊読むという実践を続けておられるそうで、法律家としての信念は、「具体的妥当な結果について理屈が足りない…時に理論をあきらめない」ことだそうです。岡部判事のお言葉は、法律家としてのあるべき姿勢を私たちに力強く示してくださっています。

○「選択的夫婦別姓と再婚禁止期間廃止を内容とする民法の早期改正を求める会長声明」

二〇一六年（平成二八年）三月一八日 日本女性法律家協会会長 紙子達子

二〇一五年（平成二七年一二月一六日）、最高裁判所大法廷は、夫婦同氏を強制する民法七五〇条について、直ちに個人の尊厳と両性の本質的平等の要請に照らして合理性を欠く制度であるとは認めることはできないとして、憲法一三条、一四条一項、二四条のいずれにも違反しないと判断しました。

一方、同じ日、同裁判所大法廷は、女性にのみ六か月の再婚禁止期間を定める民法七三三条については、一〇〇日を超過する部分は合理性を欠いた過剰な制約を課すものとして、憲法一四条一項、二四条二項に違反すると判断しました。

その後、さる三月七日、女性差別撤廃条約の実施状況を審査する国連の女性差別撤廃委員会は、日本政府に対する勧告を含む「最終見解」を発表しました。その一二項で「差別的な法および法的保護の欠如」と題し、「委員会は、現存する差別的な規定に関するこれまでの勧告への対応がなされていないことを遺憾に思う。委員会はとりわけ以下のことを懸念する。」とし、この中で、昨年の上記最高裁判所大法廷の二つの判決に関して、夫婦に同一氏の使用を強制している民法七五〇条の合憲性を支持したこと、この規定により、実際上多くの場合女性が夫の氏を選ぶことを余儀なくされていることを挙げています。そして一三項で、夫婦の氏の選択に関する法制の改定によって女性が婚姻前の姓を保持することができるようにし、離婚後の女性の待婚期間を完全に廃止することを一刻も早く行うよう強く要請する、としています。

女性差別撤廃条約を批准している日本としては、条約の完全実施に向けたこの委員会勧告は、憲法第九八条二項の趣旨からしても、極めて重いものであり、真摯に受け止めるべきだと考えます。

社会の多方面にわたる変化に伴う家族・家庭生活の多様化と、結婚後も従前の活動を継続し、また働き続ける女性が増加するなど、女性の様々な部門への社会進出が著しくなった一九七五年（昭和五〇年）の「国際婦人年以降、国内においても両性の実質的平等を実現する内容への民法改正が大きな課題となっていました。国連の女性差別撤廃条約の批准による国内法整備という背景もありました。

当会は、一九五〇年（昭和二五年）に設立された女性法律家団体として、公正・公平で活力のある法治社会の発展と、女性の地位向上等を目指して、これまで調査・研究や意見発表を行ってきました。一九九五年（平成七年）一月二〇日には、法務省民事局参事官により公表された「婚姻制度等に関する民法改正要綱案」に対し、夫婦の氏については選択的夫婦別姓の規定の導入に、女性のみに課した再婚禁止期間については規定の全面撤廃に、それぞれ賛同する野田愛子会長名の意見書を同局同参事官に提出しています。その後も、一九九六年（平成八年）に法制審議会が法務大臣に答申した、選択的夫婦別姓導入や再婚禁止期間の改正等を内容とする「民法の一部を改正する法律案要綱」にもとづく民法改正の早期実現を求める横溝正子会長名の要望書を一九九七年（平成九年）一〇月に発表しています。

家族や親子・夫婦のあり方は多様化し、結婚後も女性が社会で活動することが普通になっている現状のもとで、氏の変更による自己のアイデンティティーの喪失や、それまでに形成された個人の信用や評価、自尊感情の維持が困難になる不利益の存在は、最高裁判決でも認めているところです。実際、司法の分野で働く女性も、日頃からこの不利益を実感しているところであり、通称使用の広まりによってその不利益が一定程度緩和されるとの見解にはまったく正当性はありません。夫婦同氏を強制されるために婚姻届を提出しない事実婚夫婦や、結婚をためらう事態まで生じている現状で、夫婦同氏以外を認めない現行の規定の違憲性は明らかです。

再婚禁止期間についても、実務上ＤＮＡ検査によって父子関係を科学的・客観的に明らかにできるようになった現在、再婚禁止期間を設ける必要性はまったくないと言えます。よって、国会はすみやかに、民法七五〇条については、選択的夫婦別姓を盛り込む法改正を、同七三三条については再婚禁止期間を全面的に廃止することを、それぞれ求めるものです。

○　そのほか

五四号では、そのほか後輩女性法律家へのエールとなる先進会員の方々の特集、女性弁護士で構成される事務所からの日ごろの活動の様子等の寄稿、日本女性柔道家として史上初の金メダルを獲得され、柔道界のグローバル化や女子柔道の課題に取り組んでおられる筑波大学准教授の山口香先生の講演録なども掲載されています。

《会報五五号（二〇一七年六月発行）》

○　大谷美紀子弁護士の巻頭言

五五号の巻頭言は、二〇一七年三月から国連子どもの権利委員会の委員に就任した大谷美紀子弁護士による女子中高生向けシンポジウム基調講演「女性法律家の魅力～そのやりがいを語る」（二〇一六年一一月二三日に早稲田大学において開催）からの引用でした。

大谷弁護士は、女子高生たちに対して、弁護士という仕事を選び、そして女性や子ども、外国人の人権問題、特に子どもの問題に取り組むようになったきっかけなどを分かりやすく紹介し、引っ込み思案で自分の意見を主張することが苦手だったけれども悩みながら努力を続けたことで、「自分がやりたいと思うことを実現する力と機会をいただけた」と語りかけ、次のとおりメッセージを送っておられます。

「なぜ女子中高生の皆さんにもっと法律家になってもらいたいと思っているのか。それは、社会の約半分が女性だからです。どんな場所にも、どんな職業にも、どんなところにも女性が男性と同じ人数いるのが自然で、そのことが私たちの社会を豊かにすると思っています。考え方が違う人同士が意見を合わせて何かを決めていくことは大変です。でも、意見が集まるからこそいいことができる、いろいろな目線、いろいろな観点が入ってこそ社会を豊かにしていけると思います。」、「何かをやりたいと思ったらあきらめないでほしいということを、私のメッセージとして送らせていただきたいと思います。頑張れば絶対できると思います。私がそうであったように。」

○ 活動報告「第三者の関わる生殖医療技術の利用に関する意見書のとりまとめ」

活動としては、相続法改正に関する意見書の他、刑法改正、女性差別撤廃の課題、相続法改正に関する法律税務合同研究会、企業の社外役員に関する研究会などが報告されています。ここでは、二〇一四年度、二〇一五年度を通じて全八回行われた「生殖補助医療と人権研究会」（五三号、五四号参照）等をふまえ、当協会有志からなる「生殖医療問題プロジェクトチーム」において議論を重ねた結果とりまとめられた「第三者の関わる生殖医療技術の利用に関する意見書」を、川村百合弁護士のご報告からご紹介します。

医療技術が目覚ましい進歩を遂げ、今では、第三者からの精子提供のみならず、卵子提供による妊娠・出産や、他人の母胎を借りて妊娠・出産する代理母・借り腹も技術的には可能となり、我が国でも実施している医療機関がある現状のなか、生殖医療技術に関する法律案が具体的に検討されている状況にあります。

報告においては、「そもそも新たな生命を作り出す技術がどこまで許されるかは、生命倫理に関わる問題であり、国民的な議論が必要なはずである。そのような議論が、提供者や母胎、ひいては生まれてくる子どもに起こりうるリスク等の正しい知識を踏まえて尽くされているとは言えない。一方で、これまで何らの法的規制のない中で、事実先行で実施されてきた生殖医療技術が、少なからぬ当事者を苦しめる結果になってきたことから、早急に議論が深められることが必要である。このような社会情勢に鑑み、妊娠・出産が可能な性である女性法律家から成る当協会としても、現状を座視できないと考えた。そこで、当協会内にプロジェクトチームを作り、非配偶者間人工授精（ＡＩＤ）で生まれてきた子の立場の当事者、ＡＩＤで子どもを持った親の立場の当事者、精子提供・卵子提供を用いた生殖補助医療に携わってきた医師・看護師、世界の生殖医療技術の現状を取材してきた記者の話を聴いた上で本提言に至った。」と意見書提言に至った経緯が説明されています。

提言された意見の趣旨は次のとおりです。

一　生殖医療技術の許容性と限界について、広く国民的な議論を行って、一定のコンセンサス（合意）を得るべきである。

二　生殖医療技術に関する法規制と子どもの出自を知る権利を保障する制度的な手当を行うため、立法的な解決を図るべきである。

三　生殖医療技術に関する法規制の中身を考えるに当たっては、生まれてきた子ども、利用者、提供者のそれぞれの個人の尊厳と権利を保障する制度を構築すべきである。

四　多様な家族の在り方を許容する社会を作り、親子・家族に関する法律を、多様な家族関係を肯定し、個人の尊重を基本理念とするものに改めるべきである。

意見書においては、生殖医療技術の許容性と限界や各国の歴史を踏まえた上で、当協会の具体的な考え方として、「あるべき法制度を考える場合には、生まれてくる子ども、生殖医療技術を利用する者、配偶子を提供する者等、関係するすべての個人の尊厳と権利を害することがないような目配りが必要である。」として、精子提供、卵子提供、代理出産のそれぞれの技術について、これを（生殖補助）医療として認めるべきか否かについて、次のとおり表明しました。

㈠　精子提供について

実際にＡＩＤで生まれてきた人たちの中に、出自が不明であることや第三者が関わる生殖技術自体に否定的な考えを持ち、自分の生を肯定できていない者がいるという極めて重い現実を受け止める一方、すでに多くの生命が誕生してきたＡＩＤを今さら否定することが現実的か、という問題をふまえて、許容要件については、①ＡＩＤを受けるカップルを限定、②遺伝的なきょうだいと、それと知らぬ間に恋愛し婚姻するリスクを可及的に避けるため一人の男性が精子を第三者に提供できる回数は一〇回を上限とすべき、と考える。

㈡　卵子提供について

卵子提供については、卵子提供者が被る身体的侵襲が大きく、他人の卵子を戻した場合の母胎への悪影響について十分検証されていないというリスクを踏まえ、「現時点の医学的知見を前提に（将来、現時点では判明していない危険があることが分かった場合には、中止することが必要な事態もありうる）」卵子提供が認められるのは、①卵子提供を受けるカップルを限定し、さらに医学上の理由（病気）により、排卵がない場合に限る、②卵子提供者は、出産を経験し、今後の出産を希望しない女性に限る、③匿名提供に限る、④一人の女性がなしうる卵子提供は、一生に二回までに制限する、といった要件を満たす場合に限るとすべき、と考える。

㈢　代理出産について

「代理出産は、肉体的・精神的に大きな負担を伴う妊娠・出産のみを第三者である女性に負担させる行為であり、あたかも女性の身体を「生殖のための道具」とするものであることから、女性の尊厳、ひいては人間の尊厳を踏みにじるものとして反対する。」もっとも、実際の法制化にあたっては、当事者の声、身体的リスク、生命倫理について国民的議論の下で考えることが不可欠です。その上で、「一定の生殖技術を用いて子どもを生み出すことを一つの家族の創り方として認める前提として、夫婦が法律上の婚姻をして、自然的生殖によって子どもが生まれた家族を『在るべき家族像』とするのではなく、多様な家族の在り方が肯定されるべきである。例えば、事実婚、同性婚、子どものいない夫婦、血のつながらない親子（養子縁組を含む）などを家族の在り方として認めるということである。」、「根本的な価値観の見直しと相まって初めて、生命を人間の作り出した技術で生み出すということが許されると考える。」と表明しました。

さらに、生殖技術が内包する一番の問題として、生まれてくる子ども自身は何らの意見表明ができないことから、「そのような方法で子どもを生み出すことを社会として是認する以上、生まれてきた子どもの尊厳を守るための手当は、社会の制度として整えられていなければならない。」として、「第三者が関わる生殖技術を医療として実施する以上、生まれてきた子どもが自らの出自を知る権利を具体的に行使できるようにするための制度的手当をすることが不可欠である。」そして、出自を知る権利の中身としては、遺伝情報に限らず、「出生した子どもが、提供者に会いたければ会うことができる情報（具体的には現住所）が、公的管理機関によって保管され、それに子ども自身がアクセスできることが不可欠である」とし、さらに、出自を知る権利を具体的に保障するために必要な制度的手当として、「公的管理機関を設置して提供者情報を管理すること、及び、生まれてきた子どもが一定の年齢に達した場合には自らその情報にアクセスできるようにすることなどが必要である」とし、公的管理機関の設置のほか、告知の支援や第三者の関わる生殖医療技術を利用するにあたってのカウンセリングを受けることの義務付け、子どもへのカウンセリングの機会提供などの適切な支援制度も構築されるべき、としました。

以上をふまえ、生殖技術を医療として認めた場合に、どのような法規制をすべきか、出自を知る権利を具体的に保障するための制度はどのようにあるべきかについての各論の骨子は以下のとおりです。

「一　公的管理機関を設置し、同機関に第三者の関わる生殖医療技術を実施する医療機関の許可、実施の可否の判断、並びに利用者及び提供者の同意や提供者を特定する情報などの情報の一元管理などの機能を持たせるべきである。

二　第三者の関わる生殖医療技術の利用者の範囲は、現時点において法律婚又は事実婚の男女に限るべきである。

三　専門的なカウンセラーを養成し、利用者及び提供者が、第三者の関わる生殖医療技術を利用することに同意し又はこのために精子・卵子を提供することに同意する以前に、中立の立場の専門的カウンセラーのカウンセリングを受けることを義務づけるべきである。

四　第三者の関わる生殖医療技術に関する利用者の同意及び精子・卵子の提供に関する同意を明確にし、同意に関する情報を保管する制度を整備すべきである。

五　専門的知見を有する医師によるインフォームド・コンセントの義務を明示すべきである。

六　第三者の関わる生殖医療技術により出生した子どもの尊厳・人権を守るために、以下の法制度を整備すべきである。

㈠　出自を知る権利を法律に明記し、これを具体的に保障する制度を構築すべきである。

㈡　出生した子どもに対し、第三者の生殖医療技術を用いたことを親（利用者）から確実に告知することを担保し、告知を支援するための制度を構築すべきである。

㈢　出生した子どもの法的地位の安定を図るために親子関係に関する法整備を行うべきである。その際、現行の嫡出子・非嫡出子の区別も含めて、親子・家族の在り方に関する法制度を個人の尊重を基本理念とするものになるよう見直すべきである。

七　第三者の関わる生殖医療技術の実施の範囲は、精子提供及び卵子提供に限り、胚提供、死後生殖及び代理出産は禁止すべきである。

八　第三者の精子・卵子の提供やこれらの斡旋について、有償で行うことを禁止すべきである。

九　さまざまな家族の在り方を肯定する社会の構築のため、国・地方公共団体において啓発に取り組むべきである。」

○　そのほか

五五号では、そのほか先進会員である女性弁護士らの特別インタビューやベトナム、コートジボワール、ネパールでそれぞれ活躍しておられる女性弁護士らによる奮闘記のほか、バレリーナの吉田都さんによる講演会など、様々な記事が掲載されました。

《会報五六号（二〇一八年六月発行）》

○巻頭言「弁護士の男女共同参画は　いま」小川恭子弁護士
「日弁連副会長、女性・初を担って」大国和江弁護士

二〇一八年度は、日弁連における女性クオータ制導入後初の執行体制が始まったところであり、女性クオータ制による選任者二名をあわせて三名の女性弁護士が副会長となった年でした。そのため、巻頭言では、小川恭子弁護士（三四期）から女性クオータ制が導入された経緯、意義を改めて発信しています。また、女性として初めて日弁連副会長に就任するなど多くの「女性・初」を担ってこられた大国和江弁護士（二〇期）からも、「女性副会長を、複数、継続して輩出させる「クオータ制度」を生かすも殺すもこれからの取組みにかかっています。会員が力を合わせ、女性副会長が複数、継続して輩出できる状況をつくり、この制度を必要としない時が訪れることを期待しております。」との力強いメッ

セージをいただきました。

○　講演「国連女性差別撤廃条約と日本の課題」

国連女性差別撤廃委員会委員・元委員長　林陽子弁護士

五六号の活動報告からは、まず、国連女性差別撤廃条約一七条により設立された女性差別撤廃委員会（ＣＥＤＡＷ）の委員・元委員長である林陽子弁護士による講演会の内容を紹介します。

委員会の役割、委員会に提出される各締約国の条約実施状況に関する国家報告書審査における建設的対話について解説いただいたのち、二〇一六年に行われた日本審査における勧告（総括所見）の内容を分かりやすく紹介下さいましたので、一部引用します。

「国家報告書審査は、建設的対話と呼ばれます。女性差別撤廃条約は法的拘束力ある条約ですが、国内法と異なり、その違反に対して強制執行をする「国際人権裁判所」はまだ存在しません。「まだ」と申し上げるのは、そういうものを作ろうと運動している学者やＮＧＯの人たちは存在するので、「夢あるところ道は開ける」で、いつかそれは実現するのかもしれません。しかし現状では存在しないので、条約違反ではないかと思われる事実に対して、それをどこかに訴えるのではなく、「対話」を通じて国のマインドセットを変えていこう、というのが「建設的対話」の目的です。たとえば、他の国では廃止している再婚禁止期間をなぜ日本は廃止できないのですか、ということを委員が質問して、政府からそれに対する答えをもらい、対話をしながら考え方に少しでも影響を与えていこうという趣旨です。なお、委員は自分の国の審査にかかわらないルールになっていますので、私は日本の審査は傍聴しましたが質問はできず採択にも参加しておりません。審査の後、勧告が採択されるのですが、これを「総括所見」と呼んでおります。」

林弁護士からは、日本に対する委員会の総括所見で指摘された日本の課題のうち、①条約の周知、個人通報制度を定める選択議定書の批准、②差別的な法律（民法の婚姻年齢、選択的夫婦別姓、再婚禁止期間など）の撤廃、③あらゆる分野での指導的立場にある女性を三〇パーセントにするという目標実現のための暫定的特別措置の導入、④ジェンダー・ステレオタイプ、有害な実践の撤廃、⑤ジェンダーに基づく女性に対する暴力、⑥雇用など、五〇を超える様々な勧告から主要なものについて紹介いただきました。

また、総括所見の法的効果について、「法的拘束力がない」とすべきではなく、「条約は拘束力を持つ国家間の合意であり、政府はそれを遵守する義務を憲法上負っています。憲法九八条二項の誠実遵守義務です。ですから、国内法は条約に適合する解釈や運用がなされるべきなのです。」と指摘されたほか、この総括所見実現のために立法、行政の課題とともに司法の課題として、法曹に対するジェンダー研修の必要性などに触れられました。

本研究会後には、林弁護士の呼びかけをきっかけとしてジュネーブでの委員会傍聴が企画実施されることとなりました。その報告は五七号に掲載されています。

○講演「国際刑事裁判所（ICC）への道～ハーグへのいざない」

最高検検事・外務省参与（国際司法協力担当大使）　赤根智子氏

活動報告からもう一つ紹介します。日弁連・東京三会との共催で行われた「国連・国際機関で活躍する女性法曹」連続講演会において、二〇一七年一一月にニューヨークで開催された国際刑事裁判所（ICC）の判事改選において、日本人判事として三人目であり、日本人法曹としては初めてICCの判事として当選された赤根智子氏にご講演いただきました。赤根氏からは、ICC判事候補となってからトップ当選に至るまでの貴重な経験や大変苦労された点、これまでの検察官として、また法務総合研究所において国連アジア極東犯罪防止研修所（アジ研・UNAFEI）や法整備支援などの職務において積み上げてこられたキャリアがいかに役に立ったのかなど紹介いただきましたので、一部引用します。

「積み上げたキャリアに助けられたとも書きましたが、これはひとえに検事としてのキャリアと国際協力、ＵＮＡＦＥＩと国際協力部で積み上げたキャリアが非常に役立ったと感じています。一つは刑事司法についてです。ローマ規程の成り立ちを見たとき、ここは大陸法系の色だけど、ここはコモンロー的な色合いがあるねとコメントできる能力や、日本で進んでいる刑事司法関係の取り組みがどのようにＩＣＣ実務に役立つか話をするときに非常に役立ちました。またアフリカや東南アジア、アメリカなどに何度か出張したことがあったので、その地域での刑事司法関係者の努力の仕方、どういう困難を抱えているかについてDiplomatとの間で共有できたこともキャリアに助けられたと思います。

何歳になっても新しい挑戦は苦しいことです。しかし、愉快な面もありますし、知識も視野も広くなり洞察力も高まる楽しみを味わうことができました。そういう面では年齢は関係なく、いつからでも挑戦できると感じました。

私も真面目にずっと努力してきた方ではないですが、若い方に申し上げますと、若いうちはやりたいことがいっぱいあるので気が散ったり、様々な方面に興味が向くと思いますし、若いうちにコツコツ努力しろと言われてもなかなかできないと思います。しかし、何か使命や目的を感じてやり始めたらどんな年でも遅すぎることはないと思います。自分では無理だとすぐにあきらめないで、この方法でダメならこっちの方法でやってみようというような発想の転換をしながら最終目的にたどり着く努力も必要ではないかと思いました。先輩や後輩、同僚に非常に励まされたこともあり、どこかで誰かが見ていて支えてくれているという気持ちを自分の支えにしていました。そういうことはどこでも誰にでもあるものですからそれは信じて頂きたいと思います。」

赤根氏からは、さらに、ＩＣＣという組織の概要、戦争犯罪、人道に対する罪、集団殺戮犯罪（ジェノサイド）、侵略犯罪というＩＣＣが扱う四種類の事件についての審理の実情や難しさなどについて具体例を交えて詳しくご紹介いただきました。

○ シンポジウム「来たれ、リーガル女子！」滝口広子弁護士

二〇一六年度に関東において実施された、女子中高生を対象とし、法曹という職業を知ってもらうためのシンポジウムが大変好評であったことを受け、二〇一七年度には近畿においてて同様のシンポジウムが実施されましたので、その報告が掲載されています。

生徒一二一名、保護者一〇二名の合計二二三名に参加いただき、第一部・林陽子弁護士による基調講演、第二部・裁判官、検察官、弁護士をパネリストとする「女性法律家の様々な生き方」をテーマにしたパネルディスカッション、第三部・模擬裁判、第四部・様々なテーマの法分野に分かれたグループセッション、と充実した内容のシンポジウムが実施され、生徒、保護者からの意見感想も大変好評であったとのことです。

林弁護士の基調講演において紹介され、スタッフとして参加した女性法曹にも深い感銘と勇気を与えていただいたという、戦後二人目の女性裁判官となった三淵嘉子さんの次の言葉を紹介します。

「顧みて裁判官であったことは私にとって最高の女の人生であった。他からの圧力に影響されることなく、自己の信念に基づいてすべてを処理できる職業は、男女を問わず他には考えられないと思う。このことは、弁護士についても言えることである。私は生涯をかけて、男性と対等に生き抜く仕事を志す女性に向かって、いつも信念を持って法曹の道に進まれることを勧めている。」

○　そのほか

五六号では、そのほか二〇一七年八月一日に公表された「中間試案後に追加された民法（相続関係）等の改正に関する試案」について同年九月二二日付で法務省に提出された意見書を報告しているほか、二〇一六年に最高裁判事を退官された山浦善樹弁護士から「マチ弁が最高裁判事になって」（妻から学んだ男女平等）と題するご講演内容等が掲載されました。

《会報五七号（二〇一九年一二月発行）》

○　巻頭言「『女性』とはだれのことか？『女性法律家協会』のこれまでとこれから」

井上匡子教授

二〇一九年の五七号の巻頭言では、二〇一八年六月より当協会副会長に就任した神奈川大学法学部井上匡子教授が、専門である法哲学・フェミニズム論の観点から、当協会の歴史や課題について触れた上で、「多様な性を生きうる社会モデルを法曹という角度から様々な形で発信していくこと」が当協会のミッションの一つであると述べています。

○　宮崎裕子最高裁判事へのインタビュー

宮崎判事へのインタビューでは、現在では内外の企業に関わる多くの専門分野を取り扱う大型法律事務所における初めてのフルタイムの女性弁護士として採用されたこと、留学を経て、国際課税に関わる税務訴訟に関与するようになった経緯、世界銀行で勤務されていたときのご経験、最高裁判事に就任された感想など貴重なお話が紹介されています。インタビュー内容の一部として、宮崎判事からいただいた当協会や若手法曹へのメッセージを以下のとおり引用します。

「仕事の面では、男も女もなく、『女性弁護士』『女性法曹』という職種があるわけではありません。もっとも、女性は男性とでは視点が異なり得る問題があると思うこともありますし、性差による経験や感性の違いがあることは否定できないと思います。結局はそれぞれの個人の個性と適性にあった仕事をすることがその人にとっても一番大事なことですので、皆さんには個人の個性や違いを活かせる分野で活躍して欲しいと思います。それを可能にするためにも、女性が男性とともにフェアに働ける環境作りは重要だと思います。

我が国のみならず、世界的にみても、そういう意味ではやるべきことがたくさんあるように思われます。女性が働き易い環境や法制度作りへの女法協の皆様の貢献に期待します。」

○「国連の役割・課題と女性の参加」

国連子どもの権利委員会委員　大谷美紀子弁護士

五七号の特集は、五六号においてご紹介した赤根智子氏による講演に引き続いて連続講演会として行われた「国連・国際機関で活躍する女性法曹」でした。

大谷弁護士からは、ご自身と当協会との出会い、二〇〇五年、二〇〇六年に当協会の推薦を受け国連ＮＧＯ国内女性委員会から推薦された民間女性の代表として国連総会第三委員会に日本政府代表代理として参加されたご経験など貴重なお話をご紹介いただくとともに、ご自身が子どもの権利委員会の一八人の委員の一人となれたことは、弁護士となり、素晴らしい女性の先輩方との出会い、交流、励ましがあったおかげであるとして、もっともっと、国連に関心を持ち、国連の活動を支援し、参加する日本の女性法曹が増えてもらいたいと念願しているとのお話がありました。その理由は次のとおりです。

「なぜ、私たち日本の女性が、国連の活動に関心を持ち、参加すべきかについて、私の考えをお話したいと思います。一つには、私たちの活動のあらゆる分野、私たちの生活のあらゆる分野が国連で話し合われていることに影響されていることにあります。もう一つは、国連の加盟国が意思決定していくことに対し、私たちはもっと関わることができるということです。NGOを通して、国連がどのような活動をすべきか、意見をいうことができます。特に法曹は、こういった活動に関与しやすいと言えます。」、「日本でも世界でも未だに意思決定の場に女性が参加していないという現状があります。私は男女同権の場を広げること、日本の女性法曹が国際社会で活躍することを応援したいと思っています。」

○「CEDAW委員としての一一年間を振り返って―『知は力である』」

林陽子弁護士

二〇一八年に国連女性差別撤廃委員会（CEDAW）委員の任期を終えられた林弁護士は、日本が女性差別撤廃条約を批准したことにより、国内に影響を与えたこととして、①女性に対する暴力を立法課題としてDV法、ストーカー法、刑法改正による人身取引罪の導入、②間接差別の禁止、③クオータ制の必要性についての啓蒙啓発、④刑法の強姦罪の改正、民法の婚外子相続分差別の撤廃、再婚禁止期間の短縮、婚姻年齢の同一化などをあげられる一方、同条約の影響が限定的である理由として、①政治的意思の不存在、②政治的意思を形成していく仕組みとしての国内人権機構、個人通報制度の不存在、③国内本部機構である男女共同参画本部の弱体化、④包括的な性差別禁止法の不存在、⑤社会に根強く残る性別役割分業意識などを指摘されました。そしてＣＥＤＡＷ委員としての苦労ややりがいについて率直に語ってくださった上で、私たちに対するアドバイスをいただいていますので、以下引用します。

「国連の条約機関での委員の経験から、女法協の皆さんにアドバイスしたい第一のことは、『知は力である』ということです。感覚でものを言うのではなく、エビデンス（証拠、データ）に基づいた議論をするには、条約審査でもその国のどの法律にどのような条文があり、どんな判例があるかを知っていることは重要です。私は二〇一五年からの二年間、日本人として最初のＣＥＤＡＷの委員長に選出される機会に恵まれました。ほかにも委員長に手を挙げていた人はいたのですが、ある委員が「Yokoが条約を一番知っている。She has the best knowledge of the Convention」と言ってくれたことで、アジアグループの全員一致で指名を受けることができました。

私がＣＥＤＡＷ委員になったのは、前任の斎賀富美子大使がＩＯＣの判事選挙に立候補したために、外務省から依頼の電話があり、その二か月後には委員会の最初の会期に出席しました。それは私にとり全く予想していなかったことでした。そのことから、後輩の皆さんにアドバイスしたい第二のことは、大事な仕事を依頼されたときは、「次の機会に」と尻ごみしないで、その機会を掴むこと、そして、仕事を引き受けた以上はよく勉強して成果を出すことです。リーダーシップをとるためには、人の話をよく聞くこと、自分のやりたいことを伝えることも大事です。」

○　そのほか

五七号では、国連女性差別撤廃委員会の委員を退任される林弁護士、国際刑事裁判所裁判官に就任された赤根智子裁判官を訪問し、国際法実務を見学するとして企画された「ジュネーブ・ハーグツアー報告」も掲載されており、国連女性差別撤廃委員会の傍聴、ハーグの国際刑事裁判所の見学に加え、世界貿易機構（ＷＴＯ）の見学、志野光子在ジュネーブ国際機関代表部大使他との夕食会、国連女性差別撤廃委員会委員との昼食会、ジュネーブの法律事務所や裁判所の見学、ハーグ国際司法会議の訪問、ハーグの平和宮・常設仲裁裁判所の見学など、得難い経験ができたことが報告されています。

その他、追悼「鍛治千鶴子先生を偲ぶ会」では、当協会の創立時からの会員弁護士で元会長である鍛治千鶴子先生が、多くの論文・書籍を発表し、また日弁連や公私の各団体の要職を歴任して、女性の地位向上や男女同権の実現に向けて様々な活動を続けられたご業績や暖かなお人柄を忍んで、鍛治先生と親交が深く、当協会の活動を共にされた横溝正子会員、若林昌子会員、笠原郁子会員による惜別の辞が綴られました。

活動報告としては、離婚に伴う財産分与及び年金分割についての現行制度における問題点の是正を求め、二〇一九年六月一九日付で法務省等に提出した「離婚による財産分与、年金分割制度改正に向けての提言」(①財産分与請求及び年金分割請求届出期間の二年を五年と改正する。②財産分与としての土地及び建物等の資産分与に、譲渡所得税を課さない。③離婚の元夫及び妻それぞれの財産分与及び年金分割に関する権利の確立と保全措置の整備のため、救済措置の創設や予防策の徹底などを進める。)及び四〇年ぶりの相続法制見直しを受けて、「第八回法律税務合同研究会報告第一部「改正相続法・遺言書保管法の骨子と実務」山田攝子弁護士、第二部「相続時の配偶者の権利と改正小規模宅地等の特例のポイント~平成三〇年度改正を中心に~」尾崎恵理子税理士が掲載されています。

第3部

日本女性法律家協会の未来
～多分野で活躍する女性法律家たち～

《特別寄稿》

女法協七〇周年に寄せて

日本弁護士連合会会長／執筆時　菊地　裕太郎（三三期、東京弁護士会）

一　女性法律家協会七〇周年を心からお祝い申し上げます。
一九五〇年、一〇名の女性法曹から出発したとのこと、人的・物的・財務的にも苦難の道のりだったのではないかと推察し、歴代会長・役員はじめ会員の皆様に、改めて深甚なる敬意を表し、感謝申し上げます。

二　世界の司法の舞台は、女性法曹が主役になりそうな勢いです。昨年四月に札幌弁護士会で開催されたハーグ条約に関する日露家族法セミナーに、ロシア各地の会長ほかロシア側二五名、日本側三五名が集まりました。「日弁連は女性の弁護士参入を規制しているのか」との質問には慌てました。訪日団は六割近くが女性、当方女性出席者は講師を除くと一名です。これは奇異に映ったことでしょう。世界の弁護士大会に行っても、女性が半分程になっているのです。

もともとわが国の女性法曹の絶対数が少ない。弁護士に限って言えば、弁護士総数の二割に届かない状況にあります。司法試験の短答式試験合格者の男女における最終合格率は男女差がない（むしろ女性の方が高い傾向にある）にもかかわらず、短答式試験合格者の男女における受験者に対する割合は、女性が男性より大概一二％ほど低くなっています。すなわち、女性受験者は、統計上長い間短答式試験を苦手に（？）しており、この対策が格別工夫される必要があります。

またそもそも、女性法科大学院生は全体の三〇％前後で、受験者数に占める割合も二五％前後です。私立の法科大学院の中に女性枠（例えば五〇％）を設けるところがあっても良いのではないかとさえ思います。確かに学部四年、法科大学院二年（又は三年）受験期（浪人リスク）に司法修習期間一年のプロセスは、女性のライフスタイルからすると、いささか躊躇させるものがあるようです。今般の法曹養成期間の短縮を目指す法科大学院制度の見直しが、果たして奏功するか注目ではあります。

三　女性弁護士の平均年収が男性の六～七割に止まるというデータもあります。よく言わ

れる理由に、女性弁護士が多く取り扱う家事事件は、労働生産性が低い、すなわち労働時間に報酬が見合っていないというのです。日弁連は、家事事件の報酬の底上げ、殊に法テラス基準の見直しを求め、また、家事法制の実効化、施設改善の運動を行っています。他方、地方単位会の中には、女性弁護士が足りないとの声が上がっており、男性では、代替できない事案は確実にあります。しかし、腕力を必要とする特殊なものを除き、女性弁護士が男性弁護士に代替できない事案はないことを社会に周知してもらう必要があります。

四　弁護士会に限らず、女性参加率が高い組織は、複眼的な思考、柔軟な発想が持ち込まれ活性化されるとされています。

日弁連は、副会長二名、理事四名のクォーター制を導入し、男女共同参画を会を挙げて促進しております。絶対数の少ない中で、参画を求めるわけで、女性弁護士の負担感が増すのではないかとの危惧もあります。しかし法曹界のダイバシティを七〇年に亘り徐々に推進されてきたのは、女法協はじめ先駆的な女性会員の力があってこそであります。男女共同参画の推進は、女性参画の意義が見える化されてこそ、参画の意識・意欲が高まるといえます。女法協は今まさに、その真価を発揮する時です。見える化する活動とともに、男性弁護士のアンコンシャスバイアスの払拭を含む意識改革を迫っていってほしいと存じます。昨年の某弁連大会の記念写真撮影の際、女性副会長が「(自分以外に)女性がいない」と大声を上げ、思わず全員がひな壇を見渡しました。確かに、この気付きこそ男性に必要なのだと反省した次第です。そして、多くの男性ボス弁や同僚弁護士は、女性弁護士のライフワークバランスに意を払い、共同参画を推奨する責務があることを自覚するとともに、そのような事務所がクライアントを惹き付けることを知る必要があります。

皆様におかれましては、これまで築き上げられた実績、経験を基に、今後とも女法協のコンセプトを達成するよう、揺るぎない力強い活動を展開されることを切に願っています。

制度を創る、現場を支える

津田塾大学客員教授　村木　厚子

私は、昭和五三年に労働省（現厚生労働省）に入省して以来、三七年半公務員として勤務しました。その間、様々な場面で女性法律家の方々に助けていただきました。中でも最も助けられたのは、女性労働者の権利を守るための法制度の整備に関してです。雇用機会均等法をはじめとするこうした法律は、公労使の三者で構成される労働政策審議会の各部会で議論されます。こうした場で、公益代表の立場で常に中心的な役割を果たしてくださったのが女性法律家の方々でした。とりわけ女性の弁護士さんたちが、ときに、座長を務めて下さるなど、大変大きな役割を担ってくださいました。

昭和六〇年に制定された雇用機会均等法は「難産で生まれた法律」と言われ、当初は、その規定の不十分さゆえに「みにくいアヒルの子」とも言われました。しかし、男女異なる雇用管理が当たり前であった当時としては画期的な法律であり、女性の地位向上の大きな一歩になるものでした。私自身は、法制定の業務に直接携わることはありませんでしたが、当時、本省や出先機関で担当の職員たちが、男女平等の実現のために「法律という武器をもらったんだ」「私たちは法の施行機関という役割をもらったんだ」ととても誇らしく語っていたのを鮮明に覚えています。

雇用機会均等法は、その後、数次の改正を重ね、女性差別を禁止する法律から男女双方を対象に性による差別を禁止する法律となり、また、セクハラやマタハラの防止規定を盛り込むなど、法律としてどんどん進化をしていきました。また、これと並行して、育児休業法が制定（平成三年）され、それが育児・介護休業法へと発展、休業のみでなく、時間外労働や深夜業の制限や短時間勤務制度の導入など男女の家庭責任と仕事の両立を支援する多様な制度が導入されていきました。そして、更なる法整備として女性活躍推進法が制定されました（平成二七年）。これは、雇用機会均等法の制定に続く大きな政策目標であったアファーマティブアクションを推進する内容の法律です。こうしたすべての政策の進化の過程で、常に女性法律家の方々が、審議会での議論、国会での議論、調停委員会や裁判を通じた法の施行など、あらゆる場面で、力を貸してくださいました。この機会に、改めて、法整備やその施行に係る女性法律家の方々の果たしてくださった役割に御礼を申しあげます。

私自身は、退官し、現在は大学で教鞭をとるなどしながら、困難を抱えた少女や若年女性を支援する「若草プロジェクト」の活動に携わっています。瀬戸内寂聴さんと私が代表呼びかけ人を務め、代表理事を大谷恭子弁護士が務めています。ＬＩＮＥを使った相談事業や、小さなシェルターの運営、研修会の開催、支援マニュアルの作成など様々な活動に取り組んでいます。また、全国で同様の活動をする支援団体と緩やかなネットワークを形成し、活動を応援してくれる企業と支援の現場をつなぐ活動も始めています。若草プロジェクトの特徴は、大谷弁護士の呼びかけの下、多くの若手弁護士が支援に携わっていることです。子どものころから様々な困難を抱えた少女・若年女性には長く寄り添ってくれる大人が必要です。彼女たちの相談に応じ、家族との関係の調整や、公的な福祉とつなぐ役割を主として若い女性弁護士が果たしています。支援の現場でも女性法律家の力は大きいと実感します。また、動き始めたこの分野の法整備についても、力を貸してくださっています。

　女性を支援する法整備の場面で、そして支援の現場で、様々に活躍する女性法律家の方々に心から敬意を表し、ますますのご活躍を心から祈念いたします。

《法曹を志す皆さまへ》

特許法律事務所弁護士として

弁護士　田中　美登里（一三期、第二東京弁護士会）

現在、知的財産権は社会経済におけるひとつの重要な要素として注目を浴びています。平成一四年に知的財産基本法が制定され、産業界の国際競争力強化、新たな知的財産の創造や効果的な活用で活力ある経済社会の実現など、知的財産の創造、保護および活用に関し、国が基本理念とその実現のための基本事項を定め、知的財産戦略本部を設置して積極的に関与する姿勢を明確にしました。

司法の場で、知的財産に関する事件についての裁判の一層の充実と迅速化を図るため知的財産権の訴訟を専門に扱う知的財産高等裁判所が東京高等裁判所の支部として設置されました。また侵害訴訟の管轄について一般の民事事件の管轄に加えて東京地方裁判所と大阪地方裁判所にも訴訟提起を認めるなど、知的財産権処理の専門性が強化されました。

私は辯護士登録以来、特許法律事務所に籍をおいて仕事をしてきましたが、著しく変貌するようになってからの知的財産に関する実務にはほとんど関与しなくなりましたので、適任とは思われないところですが、長年この世界に生きてきた一人としての感想を述べようと思います。

私が辯護士登録をしたのは一九六一年ですから、優に半世紀を過ぎています。その頃も女性への門戸は狭かったのですが、知己の辯護士の紹介で入ったのが、偶然にも特許法律事務所でした。当時は工業所有権といわれており、まだマイナーな分野で、私自身未知の領域でした。希望して決めた進路ではありませんでした。したがって知的財産権に関する勉強はここから始めたわけで、当時は学術書としては豊崎光衛教授著の「工業所有権」位しかなく、外国語の文献を苦労して勉強することもありました。最初の頃は事務所の主たる業務は特許庁に対する特許権等の登録などで、辯護士にとっては審決取消訴訟程度、あとは契約や一般事件をしていました。一方で戦後の復興期にあった日本企業の外国商標登録を任され一〇〇ヶ国以上の国について、まず地図でその所在を調べ、可能な限りその国の手続きを理解しながら英語で文通するといった経験もしました。そこからは、世界には様々な法制度があり、辯護士としても広く国際的な視野を持つことと、異文化に対する柔軟な理解力が求められることを学びました。戦後の混乱期から立ち直った産業界では、外国企業との合弁事業も増えましたが、契約交渉に関わるより諸官庁の規制への対応が多く苦労しました。そのうち、審決取消訴訟に関わるようになり、東京高裁の専門部の裁判官が中心で行われていた勉強会に参加して、徐々に知財についての勉強の機会が増えました。その頃は、裁判所の通常部も知財関係の侵害訴訟を担当しており、知財事件はそれほど専門化して処理される状況になってはいませんでした。

その後技術の発展高度化、産業界の要望が、通常事件と異なる処理を必要とすることになり専門の裁判所設置により、問題解決の迅速化に資していることは、当然の帰結であると思いますし、十分理解できるところです。今の若い法曹にとって魅力ある分野であり、ち密な思考力のある女性がこの分野に増えることは大歓迎です。

今後この分野で仕事をする人に望みたいことは、知財事件は特殊なところもありますが、基本は民法と民事訴訟法にあることは忘れないでください。通常の民事事件と変わらないはずです。ただ権利の内容が有形物ではないので、たとえば、特許の明細書などは十分読込むこと、複数の解釈が可能であることを理解する必要がありましょう。証拠についても同様です。そして、外国語、特に英語の読解力を養ってほしいと思います。知財の国際化は待ってくれません。

問われる日本女性法律家協会の存在意義

日本女性法律家協会会長／執筆時　若林　昌子（一七期）
（会報三八号、二〇〇〇年）

創立五〇周年記念特集号の発刊によって、本協会の半世紀の歴史を振り返り、協会の二一世紀を考えることも有意義なことである。そしてこの特集号は協会の歴史及び現状を示す貴重な資料になることであろう。この発刊に、直接間接関係された会員の努力に敬意を表したい。また、会員一人一人が会員であること自体によって、会の活動を陰に陽に支えられた結果がこの記念特集号に結実したものとの思いを強くする。

協会について「何もしない女法協」、「今更、女性の会が必要なのか」などの声が聞こえる。これは、多くの複雑な問題を含んでいるが、協会の存在意義或いは使命について、明確な共通認識があるのかを問われているように思われる。

一九七九年一二月国連第三四回総会において採択された「女子に対するあらゆる形態の差別の撤廃に関する条約」（日本国一九八五年七月二五日発効）は、男女平等の国際基準であり、この影響は裁判所の中にいても法廷の扉を開けたとき肌で感じるものがあった。

この条約によってすべての女性が受けた恩恵は計りしれないものがある。協会も国連NGO国内婦人委員会に団体加入し、第五五回国連総会に政府代表代理として柳川恒子会員を送ることができた。国内的にも、記憶に新しい「男女平等参画社会基本法」（一九九九年六月二三日公布同日施行）が制定され、その歴史的意義を考えれば、何故女性法律家協会なのか、その現代的存在意義の一つが見える。この国際的或いは歴史的認識こそが、われわれの基本的スタンスであるということができよう。

今、司法改革論議の中で、プロフェッションとしての法律家について厳しい批判が続出している。法律家はプロフェッションとしての自覚が問われているのである。いうまでもなく、プロフェッションは私利私欲の追求ではなく、公共奉仕の精神により、天職として、学問的専門職に従事する職業である。会員であることがプロフェッションとしての意思表示でもあろう。この特質を生かした社会的貢献のできる活動をしたいものである。

私は、会にかかわって三か月の経験から次のことを大切にしたいと考えている。①会員全員が参加できること。全国的な組織であるため物理的障害もあるがインターネットなどを利用して、会員の相互交流と会の活動の層を厚くしたい。②前例踏襲を打破すること。会の規模、半世紀の重みから無難に前例踏襲に陥りやすいが、自由な伸び伸びした意見を期待したい。あらゆる不条理な拘束から解放され、正論の場でありたい。私は会にかかわったお陰で認識を改めたことがある。それは、これまで裁判官として弁護士がどういうものか分かっているつもりでいたが、それは十分な認識ではなかった。会員から弁護士の素顔、実像を教えてもらうことがある。このように、他の職種と素顔で切磋琢磨できる場が存在するのである。これからも、会員各位との交流を楽しみながら会の充実を期したい。

弁護教官となって

弁護士　曽田　多賀　（一九期、東京弁護士会）

（会報四〇号、二〇〇二年）

私は、一九九一年四月から九四年三月まで、司法研修所の民事弁護教官を務めました。女性としては初めての弁護教官であり、三年目は民事弁護教官室の上席として、合議の進行その他教官室を束ねる立場も経験しました。このたび、弁護教官となった経験と感想を述べるようにということですので、日頃女法協の活動から疎遠になっているお詫びの意味も込めて、また会員の皆様にこの紙面をお借りして近況報告をさせていただけることを感謝して、筆をとりました。

一　私に、弁護教官候補者として手を挙げるよう、強く私の背中を押してくれたのは、東京弁護士会の同じ会派に所属する私と同期のA弁護士でした。彼とは、以前に相手方として訴訟事件を闘った間柄でしたが、あるとき、「これまで女性の弁護教官が一人も出ていないのはおかしい。あなたが立つべきだ。」と私に強く勧め、周囲の人達にも働きかけて、尻込みする私を、無理矢理納得させたのでした。

弁護教官の選任は、まず東京三会・横浜・さいたまなどの単位弁護士会から日弁連に候補者を推薦し、日弁連の審査を経て最高裁判所に推薦されます。このとき最高裁判所の要請で、選任予定の教官数の倍数の候捕者が推薦されます。そのため、候補者の半数は教官として選任されないことになります。私は、当会会長でおられた鍛冶千鶴子先生初め多くの先生方の推薦状をいただき、ご支援も受けて立候補したのですが、第一回目は、最高裁判所から選任されませんでした。理由はもちろん判りません。私は、応援していただいた方々には申し訳ない気持でしたが、正直言って、個人的には肩の荷が下りた開放感がありました。

それから三年ほどして、再び私に教官候補者となるよう、Ａ弁護士やその他の方々から話がありました。最初に私が立候補したときは、寺澤光子裁判官が昭和五〇年代に民裁教官をやられてから女性教官が出ていなかったので時機尚早であったが、今は民裁教官として一宮なほみ裁判官がおられるので、今度は採用されるだろう、と言って強く勧められたのです。このときは、のんきで物事にこだわらない私も、さすがに悩みました。再度不採用となれば、大変な不名誉ではないか、支援して下さる方々に顔向けできないのではないか、という迷いでした。そんな私がもう一度立つことを決意したのは、「そんなことでは、いつまでも女性の地位は向上しないよ。逃げ腰ではだめだよ。」という言葉でした。

このときも鍛冶先生はじめ多くの先生方の推薦状をいただき、ご支援を受けて立候補をし、そして民弁教官に選任されたのでした。

二　教官となって何よりも驚いたのは、民弁教官室の合議の内容のレベルの高いこと、ち密なこと、教官・所付の方達の優秀なことでした。教官室では、修習生に対する教材の設例作りから論点のピックアップ、検討、講義の進行案などを全て手作りでやります。そこで交される議論に、新人教官は、当初、ほとんどついて行けない、という感じを持たされます。私は、教官となるまで約二〇年間弁護士をしていて、弁護士業の何たるかは大方判ったつもりになっていたのですが、教官室に入って、そんな増上慢の自信は打ち砕かれてしまいました。「研修所は修習生の研修所であるかも知れないが、その前に教官研修所である。」とは、新人教官が代々語り継いできた実感です。

三　教官の忙しさは、就任する前から覚悟はしていたことですが、これも予想以上でした。教官室における全体合議のほかに、小委員会に分かれての準備作業があり、その合間に資料を読んで勉強をし、講義案を作り、講義、修習生の起案の採点・添削とあって、必然的に本来の弁護士業は二の次、三の次となります。しかも、これほど忙しいのに、よくお酒も飲み、ゴルフまでやっていました。当時の民弁教官室では、「ゴルフは民弁教官の必須科目である。」という先輩教官の訓令が行き渡っていて、全員がゴルフを強制されていました。私も、クラブを買い、練習場に行く暇はないので、いきなりコースに出るということになり、スコアの方は推して知るべしの状態でした。

四　修習生とのつき合いは、基本的には、非常に楽しいものでした。教官になったばかりの頃は、修習生の前で話をすることに、かなりの緊張感を持っていました。それまでは、法廷や小さな部屋で、断片的に当事者の主張を語るばかりで、大勢の前で、二時間もの長時間の話をした経験は皆無でしたから、きちんと話すことができるか、時間が足りなくなったり、逆に話が早く終ってしまって時間が余ったりしないか、難しい質問をされて立往生をするようなことがないだろうかと不安の種は尽きませんでした。教官室の合議はこうした点を視野に入れたもので、あらゆる観点から検討をし、全ての論点、問題点をクリアーにしようとするものでした。講義の進行についても一応のタイムテーブルを作り、そのうえで各教官がそれぞれ自由にそれを変更して使う、という方法がとられました。こうして、新任教官の時代は、相当な緊張とプレッシャーのもとで修習生にも対応していたのですが、慣れるにつれて肩の力も抜け、講義等も余裕をもって行うことができるようになって行きました。

五　修習生の数が飛躍的に増加した最近では、研修所の行事も少なくなっているようですが、当時はソフトボール大会、研修旅行会、寮祭など、勉強以外の行事も多く、そうした機会には、修習生達とともに楽しみ、夜は遅くまで、ときには空が白み始めるころまで酒をくみ交わし、語り合い、歌をうたい、第二の青春時代がやってきたようでした。

六　他の教官室との交流も、貴重な経験でした。特に、民裁教官室とは、いくつかの講義を共同で行い、二回試験の口述試験の問題づくりと解答・解説づくりも共同で行いましたので、そうした合議を通して、裁判官の物の見方、考え方を知ることができ、これは裁判官と当事者代理人という関係では決して知ることのできない裁判官の姿を見せていただいたと思っています。

七　私が教官となった翌年には、検察教官として川野辺充子検事がこられ、続いて住田裕子検事がこられました。私の後任には鬼丸かおる弁護士が教官として入られ、以後、民弁教官室には女性の教官がおおむね続いています。刑事弁護にも、ようやく女性教官が誕生しました。最近では、女性の修習生も増え三割近くになろうとしていると聞きます。女性教官も、各教官室に二人、三人と複数入って欲しいと思います。私が応援できる機会があれば、ぜひ、女性教官を押し出すお手伝いをしたいと願っています。

弁護教官は、その仕事の厳しさが喧伝され過ぎている感じがあり、男性を含めて、なかなか成り手がないというのが現状です。しかし、弁護教官をやられた方は、こぞって、やってよかった、と言われます。私も、自分自身のブラッシュアップのため、多くの優れた先輩・同僚・他教官室の方々と仕事ができたこと、そして若い修習生達との交流など、本当に、やってよかったと実感しています。

この三年間は、私にとって、かけがえのない、貴重な三年間でした。

司法改革と女性法曹

横浜弁護士会会長／執筆時　横溝　正子（二〇期）
（会報三三号、一九九五年）

昨年四月、横浜弁護士会会長に就任して、神奈川県内の自治体訪問を始めた。目的は、弁護士の職務や弁護士会の活動を正しく理解してもらうため、人権擁護、少年問題、公害・環境、消費者問題、民事暴力対策等、市民生活と関連の深い委員会活動や法律相談センター、当番弁護士制度などを紹介するとともに、自治体からは、弁護士会への要望を聞かせてもらい、今後の緊密な交流への足がかりをつくることにあった。このような試みは初めてとのことで、どの自治体も大変歓迎してくれ、首長をはじめ幹部職員や市民担当職員と率直な意見交換を行なうことができた。

自治体で行なっている法律相談や講座への弁護士の派遣、行政委員等各種委員への推薦、具体的な事件についての弁護士紹介など、様々な話題が出たが、気になったことの一つに、多くの市民は紛争が起きたとき、法に従った「公正」な解決を望むが、解決の方法としては、弁護士や裁判所を利用したがらないとの発言が一再ならずあったことである。予想されたこととはいえ、市民と日常接している職員から、「裁判となればおそろしく時間がかかる。費用も幾らかかるかわからないでは、地域の識者や顔役に中に入ってもらったり、あるいは泣き寝入りで納めてしまう方をとるのですよ。」と結ばれると、複雑な気持ちにさせられ、国民の司法離れを改めて痛感した。

先頃の法曹養成制度改革協議会の調査によっても、過去一〇年間に何らかの法律問題を抱えながら、弁護士・弁護士会に相談した人は二一%、裁判所を利用した人は、わずかに一二％にすぎないとの状況が出ているが、これは看過できない司法の危機と言えよう。公正な社会の維持には、司法が適正に機能していなければならない。

昨年、経済同友会が「現代日本社会の病理と処方」と題する報告書を出し、自由で質の高い社会のためには、紛争や対立を透明、公正な手続きに則って、迅速に解決する制度を誰もが利用できるよう整備しておくことが重要であるとし、身近な司法を目標に、裁判にかかる時間とコスト、アクセスの面で個人が利用しやすいよう改善するべきと説いている。これまで効率優先で、司法尊重には見えなかったあの経済界でさえ、このような提言をしたことを司法に携わる私たちは心して受け止めなければと思う。日弁連も近年、市民にわかりやすく、利用しやすく、納得のできる司法を目指す「司法改革」に取り組んでいるが、司法改革は、裁判所・検察庁の物的・人的陣容の充実強化、それに見合った司法予算の増大を含めて司法界全体で取り組むべき国民的課題である。改革は従来の慣行、組織に捉われていては成りがたい。急速に増えてきた女性法曹は、司法界のニュー・カマーである。女性法曹が強い公正感とニュー・カマーの持つ新しい感覚と柔軟な思考で司法改革の起爆剤・推進力になることを期待する。

女性法曹に期待すること

さいたま家庭裁判所長／執筆時　田中　由子（二二期）
（会報四六号、二〇〇八年）

女性裁判官の集まりに「かすみ会」というのがあります。野田愛子先生（元札幌高裁長官）や故三淵嘉子さん（元横浜家裁所長）といった蒼蒼たる先輩女性裁判官の方々が現役時代に作られた親睦会で、今でも年に一、二回開催されています。

昨年六月、久しぶりにその会に参加し、期別名簿を拝見して驚愕しました。二二期である私が女性裁判官として名簿の一番上に位置していたからです。いつまでも先輩がおられるものと思い、その背を見てロールモデルとして参りましたので、寂寥感とともに逆に自分が背を見られているという緊張感も味わったことです。

ところで、かつて、野田愛子先生が、女性裁判官の数について、悲願として、「三桁になれば」（一〇〇人を超えれば）とよくおっしゃっておられました。そのころから三〇年余を経た現在、女性裁判官の数は、五〇〇人を超えており、隔世の感があります。

そして民事、刑事、家事等各分野の事件を担当し、また、司法行政の部署でも勤務するなど、それぞれの適性と能力を十分に活かして、生き生きと、てきぱきと仕事をしております。特に、ここ一、二年は、女性裁判官が、判事補も含めて裁判員制度の広報などについても積極的に関与し、出前講義やマスコミでの説明等をそつなくこなし、好評のようです。女性の持つコミュニケーション能力の一端が活かされているものと頼もしく思っております。

また、裁判所の中において最近思うことの一つは女性裁判官や女性職員等にとって働きやすい環境が一層整いつつあることです。裁判所は、勤務時間が定時であることなどから女性にとって働きやすい職場であることは、以前からよく言われておりましたが、最近では、判事補や若い女性職員は、産前及び産後の休暇、育児休業及び育児時間制度等を周囲のものの理解のもとに柔軟に、かつ効率よく利用しています。育児休業等がなかった時代に育児をしつつ仕事をしてきた世代の者にとっては夢のような制度であります。それぞれの抱える環境等を前提にしつつ、職場にも一定の配慮をしながらこの制度をうまく利用している若い方々を今後も応援していきたいと思っています。そして、女性法曹が、仕事と家庭、特に育児とのバランスをとっていくことで、法曹としての幅と深みを更に増していくことを期待しています。さらに、裁判所では、弁護士、特に多くの女性弁護士の方々が民事及び家事の調停官として活躍してくださっています。さいたま家裁でも三人の女性弁護士の方が週一回ずつ調停を担当してくださっています。皆さん、大変熱心で、また在野法曹としての現場でのご苦労や当事者のニーズ等を調停に活かされ、裁判所内部の者と違った視点で事件処理をしていただき、職員や調停委員の評判もよく、大変よい仕事をしてくださっています。このような形でさらに多くの女性弁護士の方々に裁判所にご協力いただき、司法の強化が図られることを期待しています。

裁判所のことばかり述べましたが、来年には、いよいよ裁判員制度がはじまります。全く新しい制度ですから裁判所も大変ですが、それ以上に検察官や弁護人の訴訟活動は大変かと思います。しかし、裁判所の中から拝見しておりますと、素敵なスーツ姿で颯爽と行き来しておられる女性検事や女性弁護士さんを見るにつけ、頼もしく思われ、若い方々の知恵とエネルギーでうまく乗り切り、適正に運用してゆかれることを確信しております。

さらに、社会に目を向けますと、少子高齢化がますます進み、情報化や国際化とともに社会経済状況は一層複雑多様化しております。そして、一部には、経済的な格差を生じ、めまぐるしい社会に適応できず、翻弄される人々が目につきます。特に、高齢者等は、その急激な変化に戸惑うばかりですし、かつて法律や法的紛争と無縁のまま一生を送ってきた階層の人々が無防備のままに法的紛争に巻き込まれるといったことも起きております。また、精神のバランスを崩して就労や家族が犠牲になる例も身近でみられます。このような社会状況の中にあって、女性法曹、特に女性弁護士の方々には、男性法曹では見落とされてしまうようなこと、あるいは十分に配慮されない事柄や人々について、専門的な知識に裏付けられた柔軟で優しい視点から光りを当て、すくい上げてくださることを望んでおります。そして、法曹界の各分野において、質はもちろん、数の上からもますます充実しつつある女性法曹が、個々人の条件を背負いつつ一層キャリアを磨き、目標を持ち、得意分野を開拓するなどして、その資質を十分活かして社会全体の力や活力のもとになっていくことを期待しております。

世界の女性裁判官たち

弁護士　野崎　薫子（二五期、千葉県弁護士会）

裁判所は、人々の権利を守る砦といわれます。ここでは、裁判所で最終的な判断の任務に当たる裁判官の姿を見て参ります。

日本女性法律家協会は、一九五〇年の発足以来、裁判官、検察官、弁護士及び法学者の四者の会員で構成され、職種の分け隔てなく、共に学び語り合いながら、活動を続けて来ました。また、最高裁判事の講演会やインタビューの企画を重ねています。

さて、世界に目を向けますと、世界女性裁判官協会（International Association of Women Judges、以下「ＩＡＷＪ」という。）は一九九一年アメリカ合衆国ワシントンで設立された女性裁判官のネットワークで、公正な正義による女性及び法の支配に対する貢献を目的とし、現在世界一〇〇か国から約六〇〇〇名が加入しているといわれます。

ＩＡＷＪは二年毎に世界的な会議を開催していますが、我国からも最高裁と女法協元会長の野田愛子先生のご尽力もあって、女性裁判官が司法事情研究の一環として出張しています。また野田先生は、ＩＡＷＪに加入した日本女性裁判官協会（ＪＡＷＪ）を主宰し、現役の後進裁判官と私共が受継いでいます。

私は裁判官時代の二〇〇〇年五月、アルゼンチン共和国のブエノスアイレスで開催された第五回大会に出席しました。そのときのテーマは、「Women on the Edge」でした。五十数か国から参加登録した女性裁判官約三八〇名と、女性に対する差別や貧困問題等について、裁判官の役割を真剣に論じました。シンポジウムや模擬裁判等の後には、郊外へのバス旅行や夕食会もあり、皆と親しく交流を楽しみました。参加者の中には、我国と同様に最初から裁判官に任命されたアジア地域の方のほか、欧米の裁判官のように、弁護士等の様々な経歴を経て選挙等により任命された方もおり、その経験を聞く事ができました。

今や世界的に人気のあるアメリカ合衆国の最高裁判事ルース・ベイダー・ギンズバーグ氏については、二〇一八年にブエノスアイレスで開催された第一四回大会で研修会のプログラムが組まれました。我国でも映画「ビリーブ」や「ＲＢＧ最強の八五歳」が公開されたところです。ＲＢＧは、女性が学び、働くことの様々な困難を乗り越えて、弁護士・ワシントン大学ロースクール教授となり、性差別訴訟に挑んで逆転勝訴を得るなどの活躍を経て、最高裁判事に任命され、重要な判例に関わった経歴を有します。賃金の性差別が争われたリリー・レッドベター事件について、連邦最高裁が中立期間経過を理由に認めなかったときのＲＢＧ判事らの反対意見が、その後リリー・レッドベター公正賃金法の制定に影響を与えたこと（リリー・レッドベター他著、中窪裕也訳「賃金差別を許さない！巨大企業に挑んだ私の闘い」岩波書店）など、正義を貫こうとする正に最強の信念と行動力に、私も心が奮い立ちました。

ＲＢＧが一九九四年に来日した際、当協会は茶話会にお招きしました。同裁判官は、「少なくとも法律の世界において、どちらの性にも自然に基づく優性や欠如は見当りませんでした。」「ただ私は、両性が参加することにより司法制度はより実りのあるものとなるとも信じます。」と述べています（「講演会アメリカ合衆国最高裁判事への道」小谷ゆり子訳、会報三三号八頁）。

英国最高裁元長官ブレンダ・ヘイル氏はＩＡＷＪの元会長です。昨秋のニュースに英国議会の行為について「Lady Hale,U.K.Supreme Court Judge, Speaks Calmly and Brings Down the Hammer.」という見出しが載りました。その時、ヘイル氏は宝石の蜘蛛のブローチを右胸に付けていました。当協会が、英国のバリスターさんとのシンポジウム「子の最善の利益と司法の役割」を開催したときも、このブローチのことが話題になりました。小さな生き物を慈しむ心が、裁判官の職務の面にも繫がっているのでしょう。同裁判官は、日頃子供の問題に関する研究会にも参加しておられるとのことです。

先のＩＡＷＪの第一四回大会のテーマは、「Building Bridges Between Women Judges of the World」であり、「女性裁判官及びＩＡＷＪを支援する男性裁判官の対話」の企画もありました。我が国も、女性裁判官の間の架け橋と対話を重視するほか、裁判官の弁護士職務経験や弁護士任官制度の活用による多様な職種の交流と共に、女法協やＪＡＷＪそして法曹界で、裁判官が参加する研究や意見交換が一層活発になることを望んでいます。

新しい風に

高松地方検察庁検事正／執筆時　川野辺　充子（二八期）
（会報四五号、二〇〇七年）

国連開発計画（ＵＮＤＰ）「人間開発報告書二〇〇五」に、女性の社会参画の度合いを示す指数の国際比較があります。それによると日本は、基本的な能力開発を示すＨＤＩ（「健康」、「教育」及び「生活水準」という人間開発の三つの側面から基本的能力がどこまで伸びたか測るもの）は五〇カ国中一一位、ＧＤＩ（女性と男性の間でみられる達成度の不平等の観点から基本的能力の達成度を測るもの）は一四位と上位に位置していますが、ＧＥＭ（女性が政治及び経済活動に参加し、また意志決定に参加できるかどうかを測るもの）はなんと四三位で、下から数えた方が早い低位です。一般に、先進国ではＨＤＩとＧ

ＥＭがともに高いのに対し、日本では基本的な能力開発は進んでいるものの、女性が能力を発揮する機会は十分でなく、その格差が極めて大きくなっています。

昭和五一年に私が検事に任官したころは、全国で女性検事は一〇数名でした。それから約三〇年たって、女性検事は二五〇名を超えていますし、女性裁判官や女性弁護士の数もずいぶん増えました。また様々な分野で女性が活躍し、女性の社会進出はめざましいと思っていただけに、この数字には少なからずびっくりしました。ただ先ごろの報道によると、米国でも、女性で初めて名門ハーバード大学の次期学長に選出されたファウスト氏は、「私はハーバードの女性学長ではなく、ハーバードの学長だ」と述べたそうで、このことからもうかがえるように、米国の女性の社会進出度をみると、必ずしもトップクラスとはいえないということです。

ところで検察庁では、平成一七年四月に、検事総長の諮問機関として検察庁男女共同参画推進委員会が設置され、私はそれ以来委員長を務めております。この委員会は、ピースフル・ジェンダー・イクオリティーの頭文字をとって、ＰＧＥ委員会と称しており、Ｐ（検察官）とＧ（事務官）にＥ（良い）との意味もあります。このところ女性の検事・事務官が増えたことがきっかけではありますが、これから司法制度改革等に伴い検察の仕事がさらに増大することもあり、女性はもちろん、いろいろなバックグラウンドや考えをもった人により構成される多様性のある組織を目指すこと、そして男女を問わず職員一人一人が個性と能力を十分に発揮できる職場を実現することが必要であるとの認識の下に設置されたものです。各地方組織も立ち上げて、意識改革を手始めに地方の実情に応じたいろいろな活動をしているところです。

少子高齢化が急速に進み、労働力不足の問題が大きくクローズアップされてきました。質の高い女性の労働力を確保するために、企業では女性が働きやすい職場作りが行われるようになりました。一九八五年に経済界の大反対の中、男女雇用機会均等法が成立したことを思うと、あらためて時代が大きく変わったことを実感します。今や優良企業の判断基準として、企業本来の業績だけでなく、地球に優しい企業であることや、女性が働きやすい職場であることが宣伝されるようになりました。ある労働経済分野の専門家によると、これまで日本では、「女性が働くほど出生率が下がる」、「女性が活躍するとコストがかかり企業競争率が低下する」という二つの神話がありましたが、今や多くの女性が働く国の方が出生率が高く、女性に働きやすい環境が用意されている国の方が国際競争力が高いことが調査結果で示されているということです。この傾向が後戻りすることはないでしょう。

時代は大きく変わりつつあります。その中で進むべき道を見失わず、法曹としての役割を果たしてゆきたいものです。

日弁連男女共同参画推進本部の誕生と課題

弁護士　小川　恭子（三四期、滋賀県弁護士会）

女性差別は、まさに社会正義に反する人権問題であり、勇気ある女性達が、弁護士と手を携えて、ひとつひとつ裁判を積み重ねて来た結果が、今日の判例を形成しています。日弁連の両性の平等に関する委員会は、このような社会問題としての性の平等の問題を取りあげて活動して来た委員会です。（日弁連発行。『女性弁護士の歩み：三人から三〇〇〇人へ』参照）しかし、司法にかかわる人々の中には、今も女性に対する無意識的な差別意識（アンコンシャスバイアス）が働いており、例えば夫婦別姓訴訟の最高裁判決でも明らかなように、女性裁判官全員（当時三人）の支持は得られても、二人の弁護士出身者の男性を除き、一〇人の男性裁判官の理解は得られませんでした。性犯罪に対する厳正な対応を検察官に求めても、加害者よりも被害者が責められること（二次被害）が起こりかねない実態もあります。司法が女性差別を人権侵害として厳しく断罪できないのは、司法にもやはりジェンダーバイアス（性差別的偏見）が存在するからであり、これを排除する必要があります。

その方法は何か。人類の半数は女性ですが、それでも社会にジェンダーバイアスがあることを考えると、数だけで解決する問題ではないことは勿論です。しかし、少なくとも、法曹の性別構成を社会のそれに近づける必要があります。「裁判官の女性割合が高まることが、判決におけるジェンダーバイアス排除の制度的保障となる」とも言われています。

一九九九年に制定された男女共同参画社会基本法は、男女共同参画社会の実現を「二一世紀の我が国社会を決定する最重要課題」と位置づけ、社会のあらゆる分野で、人々が性別に関わらず、個性と能力を発揮することのできる平等な社会の実現を目ざしています。このため日弁連も、両性の平等委員会の提案で、二〇〇二年には「司法改革にジェンダーの視点を」という総会決議をあげましたが、それに続く動きが出来ていませんでした。そこで、委員会の三〇周年記念事業の際、私が丁度委員長でしたので、「司法の世界を変えるためには、まず日弁連自身が変わる必要がある。是非、日弁連にも男女共同参画推進本部を。」と提案し実現しました。この企画には、当時の平山会長の力強い励ましもいただいて、二〇〇七年五月、日弁連版の基本法としての「日弁連男女共同参画推進基本大綱」を制定し、同六月には、推進の司令塔としての「日弁連男女共同参画推進本部」が創設され、五年ごとに「日弁連男女共同参画推進基本計画」を策定し、スケジュール感をもって、改革をすすめていくことになりました。なお、二〇一二年に私が日弁連の副会長になった際には、当時の山岸憲司会長の会務執行方針の一つに、「男女共同参画の推進」を入れることを提案して採用され、以降、毎年入るようになりました。

推進本部の対外的イベントで最近の人気企画は、内閣府との提携事業から始まった、女子中高生に向けた「女性法律家になろう！」という進路選択セミナー（通称「リーガル女子企画」）です。会場の大学の階段教室が、参加した女子中高生らで埋まるなど、一昔前には想像できなかった光景であり、蒔いた種が芽吹くのが楽しみです。また、内部的なハイライトは、やはり、私も主体的に関わって実現した日弁連役員（副会長・理事）における女性クオータ制の採用です。少数者であっても、それが三〇％を超えると、核分裂における臨界点の如く、一気に影響力を持ちはじめるという理論（クリティカル・マス）に従い、日弁連の理事について、女性割合三〇%を目標として環境整備に努めることも、会則に書き込みました。弁護士会が変わることで弁護士が変わり司法が変わる！日弁連を女性が役員として働きやすい場に変えていくことが今後の課題です。

女性社外役員の仕事とその未来

弁護士　金野　志保（四三期、第一東京弁護士会）

第一　法曹養成から社外役員業務への転換

私は一九九一年の弁護士登録後、一九九七年に最高裁判所司法研修所において女性初の「所付」（教官補佐）を拝命し、その経験から明治大学や早稲田大学でロースクールの教授・助教授等を務めるなどし、法曹としてのキャリアの前半一三年間は法曹養成中心に回っていましたが、二〇〇五年にヤフー株式会社の社外監査役を拝命したことでその風景が大きく変わりました。同社社外監査役に就任した頃、グローバルなコーポレート・ガバナンスの潮流を学ぶにつけ、「間もなく日本でも、企業に女性役員が必要とされる時代が来る」と感じ、その時代に備えて勉強を続けておりましたが、果たしてその時代の波が押し寄せ、現在は三社の上場企業の社外役員（二社の社外取締役及び一社の社外監査役）を務めております。

第二　日本における女性社外取締役のニーズ増加の背景

二〇一九年一二月現在、ジェンダーギャップ指数が世界一二一位という我が国ですが、上場企業の取締役会における多様性も先進諸国の中で大変遅れていました。二〇一五年六月に東京証券取引所にコーポレートガバナンス・コードが適用され、社外取締役の導入が（緩やかに）義務付けられ、さらに二〇一八年六月の同コードの改訂により、取締役会にはジェンダーの多様性が要請されることとなり、現在上場企業は女性社外役員登用にいよいよ本腰を挙げて取り組み始めたところです。そしてその給源としての女性法曹（元判事・元検事を含む女性弁護士、女性研究者を含む）は大変注目されている現状です。

第三　女性社外役員の意義

多様性はイノベーションの源泉であり重要である、とは世上よく言われていることですが、さらに一歩進んで考えますと、女性は、相対的に組織の論理に巻き込まれにくく、場の空気を読みすぎずに、自由な発言をする傾向があるように感じています。女性社外役員が活発に意見を述べることにより他のボードメンバーも刺激され活発な意見が交わされ、取締役会が活性化するという効果があるように思われます。女性が一人でも取締役会にいる企業は不祥事が少ないという統計もあるようですが、女性の「忖度しすぎず発言する」ことにもその一因があるのかもしれないと感じております。

また、社外からであっても女性が役員になるということは、企業として「当社は女性も役員に登用します」というメッセージを全従業員に送っていることになり、女性従業員をとても勇気づけるようです。またさらに、女性役員が、女性従業員にとっての昇進や勤務継続のための見えない天井（グラスシーリング）に気づきその除去の提言をすることもあります。

また、女性の方がＥＳＧ（環境・社会・ガバナンス）の観点を自然に持っていることが多いと感じることも多く、これからの企業には欠かせない、環境や人権に配慮した企業活動への提言をすることも多々あり、こういった点も女性役員が貢献できる重要なポイントではないかと感じております。

第四　終わりに

「自由と正義」の実現を目指して弁護士になった私ですが、司法の世界もさらには政治の世界も、大きな変革を起こそうと思うとなかなか困難であると感じることも多いです。他方で経済の世界はグローバル化により、世界的潮流に乗り大きな変革を行うことがしやすい、否、それが要請されていると思います。社外役員を勤めることで企業を変え、日本経済ひいては世界経済の（環境や人権に配慮しながらの）発展に寄与し、最終的には世界人類の幸せに貢献する、ということも、これからの女性法曹の重要な使命の一つであるように感じます。同じような志を持って社外役員を勤めて下さる女性法曹が増えることを願ってやみません。

多様な価値観の担い手として

法務省大臣官房司法法制部司法法制課長　検事　丸山嘉代（四九期）

日本女性法律家協会設立七〇周年、誠におめでとうございます。

私が平成九年に検察官に任官してから二〇年余りが経ちました。日本女性法律家協会の七〇年にわたる歩みに比べれば、その三分の一にも至らない期間ではありますが、この間の女性法律家の躍進ぶりには目を見張るものがあります。

平成九年に任官した四九期の検察官は、全員で七〇人、うち女性は一六人で全体の二割強程度でした。それでも従前に比べれば、かなり女性比率が高く、先輩の女性検事からは「同期に女性が多くていいいね」と羨ましがられたものでした。ところが、令和元年に任官した七二期の検察官は、全員で六五人、うち女性は二八人で、実に全体の四割強を占めています。約二〇年前と比べて女性比率が倍増し、任官者の半数近くに迫る勢いです。

採用だけでなく、登用も進んでいます。平成一三年六月に初の女性検事正が誕生したのを皮切りに、現在では、各地の検事正として女性検事が就任し、また、最高検察庁の総務部長をはじめ、各地の高等検察庁の次席・地方検察庁の部長・副部長といった役職にも多くの女性検事が就き、登用は着実に進んでいます。

法律家は、資格に基づく職業ですから、本来男女差はなく、検察官としての業務に違いがあるわけではありません。しかし、一昔前までは圧倒的に男性優位の世界で、重要な事件の捜査・公判を任されるのは男性検事と相場が決まっていました。ところが、最近では逆に、例えば性犯罪や児童虐待の事案などで、被害者側から女性検事による聴取を希望されることも相当数あり、また、検察官が直接被疑者を逮捕し、また、関係先の捜索等を行う独自捜査事件では、女性検事や女性検察事務官が被疑者や参考人である女性の衣服、手回り品をあらためることも多くあります。

このように女性の被害者や参考人からの要望に応えたり、また、女性の被疑者や参考人の人権を最大限尊重しつつ捜査を進めたりするためには、女性検事の存在が不可欠になっています。それればかりか、以前は男性検事の得意分野と思われていた被疑者からの供述獲得や警察官への捜査指揮も、今や男性検事と遜色ない水準に達しています。

そして、何より、女性の比率が高くなることで、検察の世界全体に、自然と多様な価値観が反映されるようになりました。女性検事には、女性ならではの視点があるでしょうし、また、育児や介護に専従した経験を持つ人も多くいます。法律専門家は、社会に生起する紛争を法的に解決し、また、法的に予防する専門家ですから、その担い手も、社会の多様性を反映した構成であることが望ましいのはいうまでもありません。検察の世界でも犯罪被害者や再犯防止などの新たな業務に取り組んでいます。女性検事が活躍することで、より多様な価値観が検察の世界に反映され、きめ細やかな施策の提示が可能になるのではと自負しています。

このような女性法律家の躍進は一朝一夕に成し遂げられたものではなく、それまでの半世紀以上にわたる先人たちの血のにじむような御苦労のあとに花開いたものです。世の中の価値観が一層多様化し、いわばモノクロームの世界がフルカラーの世界に変わるのと時を同じくして先人の撒いた種が実を結び、多様な価値観の担い手の旗手として女性法律家への期待が高まってきたのです。きめ細やかな法的思考力を持つ女性法律家には、多様な価値観の担い手として、これからますます活躍の場面が与えられることでしょう。新進気鋭の女性法律家の皆さん、どうか先人の撒いた種を健やかな大木へと育て上げてください。そして、女性活躍が拡大してきた背景には、日本女性法律家協会に代表される女性の連帯があったことも忘れないでください。女性法律家の一人として、皆さんとともに法律の世界で仕事ができることを心待ちにしております。

法整備支援を通じて触れた世界の多様性と共通点

ＪＩＣＡ国際協力専門員　弁護士　磯井　美葉（五二期、第一東京弁護士会）

一　モンゴルでの法整備支援

ＯＤＡによる法整備支援の仕事に専業として関わって一〇年以上が経ちました。弁護士生活七年目となった二〇〇六年から、ＪＩＣＡ（独立行政法人国際協力機構）の長期専門家としてモンゴルに二年間赴任し、弁護士や弁護士会の強化、ＡＤＲセンター立ち上げなどを支援しました。

初めての海外生活は、驚くことばかりでしたが、厳しい気候の中で現実とうまく折り合いつつ暮らすモンゴルの人たちに、おおらかに受け入れてもらい、驚きや、ときに感じる苛立ちも含めて、すべてが新鮮で楽しい日々でした。

二　ＪＩＣＡ本部での仕事、カンボジアでの仕事

モンゴルの任期が終わったあとに、東京のＪＩＣＡ本部で、法律の専門家として法整備支援事業をサポートするアドバイザーになりました。モンゴルと日本以外の国の法制

度にも深く触れる機会を頂きました。日本と違っていい加減にも見えたモンゴルは、意外とまじめにがんばっている、と見直したり、日本社会の良さと問題点も感じることになりました。

ＪＩＣＡ本部の業務では、モンゴルに加え、カンボジア、ベトナム、ラオス、ネパール、インドネシア、ミャンマー、中国、イラン、ウズベキスタンなどの法制度に触れる機会がありました。各国の制度や法令、その趣旨には、違いも共通点もあり、そんな議論ができるのは興味深くありがたいですが、知るほどにわからないことも増え、歴史や文化の背景をさかのぼりたくなり、まだまだもがいています。

二〇一三年度は、カンボジアに一年間赴任し、再び現場で支援に関わりました。

カンボジアでは、一九九九年から、日本による民法と民事訴訟法の起草支援・普及支援が行われていました。日本は、ベトナム、ラオス、ネパール、中国などに対しても民法整備を支援していますが、その中で、カンボジアは、やはり、ポルポト時代に大虐殺があり、全ての制度が廃止されてしまったため、人材が枯渇し、制度や運用に大きな断絶があることとの影響が大きいと感じます。

カンボジアの民法と民事訴訟法は、このような背景から、現地の人ではなく、日本の法学者の先生方がまず起草し、それを翻訳してカンボジアの人たちと議論することによって完成しました。その結果、他のアジアの国と比べても条文数も多く、日本法との類似もあり、復興に向けた関係者の理想も込められた、良くも悪くも複雑なものになっています。これを、人材の乏しいカンボジアできちんと理解して運用してもらうには、まだ時間がかかりそうです。

三　これからの女性法曹の可能性

情報の流通と人の移動が増えて、世界・国内のさまざまな人の多様性が、お互いに認識できるようになりました。

その中で、それぞれの人が幸せでいられるためには、法やルールにも、共通化・標準化すべき部分と、違いを認め、尊重すべき部分があると思います。

限られた経験からですが、日本人は、義務や他人の期待にきちんと応えようとする人が多く、とても効率的ですが、一方で例外に厳しく、寛容さに欠け、ときに制度の本来の目的を忘れてしまう傾向もあるように感じています。

お互いの違い（外国だけでなく、日本人同士も）を理解して受け入れられる人がもっと増えてほしいと思いますし、そのためには、日本社会のさまざまな場面の意思決定において、女性、男性、若い人、障害のある人、いろいろな人がもっと関与して、制度や運用で多様性が尊重されるようになるといいなあと感じています。

女性であり、かつ法曹として個々人の権利にも目を向ける役割を持ち、それをルールに反映させ得る女性法律家が、そんな社会の実現に果たせる役割は、とても大きいと思っています。

少年の心と向き合い、子どもシェルター創設！

弁護士　中溝　明子（五二期、千葉弁護士会）

私が弁護士に登録した二〇〇〇年。当時、世論は少年法を厳罰化する方向に大きく傾いていました。重大事件を犯した少年には厳罰が必要という議論に、私は素朴な疑問を感じていました。オギャアと生まれたそのときから凶悪な人間などいるのか。事件に至った経緯や要因を知らなければ、何の議論もできないはずだと。

学生時代、民事法専攻だった私は、少年法の「し」の字も知らぬまま、少年事件の中に飛び込みました。当時、少年事件はマイナーな業務。千葉の弁護士付添人選任数は年間十数件。それでも、子どもたちの思いを裁判所に伝える人が必要だ！と思い、少年たちと向き合いました。そこで出会った子どもたちは、皆優しく、親を思い、そして親から見放されることに怯えていました。少年たちから話を聞く中で分かったのは、この子たちもかつては被害者だったということ。暴力を受けて育ち、暴力以外の解決方法を知らないのです。この子たちが被害者を生み出す前に、救ってくれる人はいなかったのか。悔しくて眠れない日もありました。事件を起こしてから関わるのでは遅すぎる！そんな思いが強くなったころ、千葉県に、児童相談所の法律相談業務を行う児童虐待対応法律アドバイザー制度ができました。

児童福祉法も知らぬ不勉強な私でしたが、それでも、子どもたちを救う現場に携わりたいという一心で、児童福祉の世界に飛び込みました。マニュアルなども無い時代でしたが、熱意ある児童福祉司さんとの出会いの中から、少しずつ仕事を覚えることができました。児童相談所の業務の一つに、児童福祉法二八条申立てがあります。施設入所等に関する手続きなのですが、この業務に携わるときにわき上がる疑問がありました。家庭が危険だから施設に……というのだけれど、施設ってどんなところ？施設のことが知りたい！そんな気持ちがわき上がると、不思議と道が開けるもの。千葉県児童福祉協議会には、子どもたちの施設生活における権利擁護をチェックする施設生活等評価委員会が設置されているのですが、なんと、そこに弁護士委員の欠員が出たというのです。私は迷わず委員に志願しました。そして、毎月のように施設を訪問して子どもたちや職員さんたちの話を聞き、一緒に食事をし、子どもたちの権利擁護をどう実現するかについて一緒に考えてきました。

こんな仕事をしながら十数年が経ったころ、制度の狭間に陥る子どもたちの緊急避難施設の必要性を感じるようになりました。児童福祉法の対象は原則一八歳未満の児童。一八歳を過ぎてから初めて虐待を告白しても、もはや一時保護はできないのです。自立するにはあまりにも若すぎる。家庭崩壊を体験した子どもたちだからこそ、家庭的な環境で守り育てたい。そんな思いから、二〇一四年、千葉の弁護士を中心にＮＰＯ法人子どもセンター帆希を立ち上げ、子どもシェルター「はるつげ荘」を開設しました。女子を対象とした定員六名の小さな施設ですが、子どもたちの生活に権利擁護をどうやって落とし込むか、考えて悩んで作った施設です。職員不足から一時休止という窮地にも陥りましたが、子どもたちへの思いと、それを後押しして下さる方々のお陰で二〇一六年四月には事業を再開することができました。今もはるつげ荘には十代後半の少女たちが、それぞれの思いを抱えながら、穏やかな暮らしの中で、次のステップへの準備をしています。

私の中にわき上がる疑問や好奇心に導かれ、気がつけば専門分野と言えるほどに「子ども」の分野に携わるようになりました。弁護士にとって大切なのは、この小さな「疑問」に目を背けず、向き合うことなのかもしれません。

渉外家事事件とのタックル

弁護士　松野　絵里子（五二期、東京弁護士会）

一　ハーグ条約との出会い

私は、大学では政治学や国際政治のゼミに属しており、国際的な仕事に大学生の頃から憧れていたものの司法試験とは無縁に暮らしていました。その後、紆余曲折を経て司法試験に受かってから、漠然と語学力をつかった国際的な仕事をしたいと思っていました。また、二年修習の中での家庭裁判所での実務修習が面白く「家事事件」というとても泥臭い、人間味のある世界に興味を感じました。そんな中、日本が批准していなかった子供の奪取に関するいわゆるハーグ条約というものに興味が出て、日本が批准したら関与した仕事をぜひしたいと思うようになりました。

二　弁護士としてのスタートから独立

弁護士になった二〇〇〇年四月に私は四大事務所のひとつに入りファイナンス案件を担当していたのですが紛争調整に興味が出てしまい、またひとり息子との時間を取りたいという気持ちもあり、二〇一〇年にその事務所をやめ、小さな自分の事務所を開設しました。このときから、渉外家事事件を専門の一つとしたいという望みをもって進んできました。

日本では、二〇一三年の第一八三回通常国会でハーグ条約の締結が承認され、同年六月一二日に「国際的な子の奪取の民事上の側面に関する条約の実施に関する法律」も成立しました。私は、ぜひ実務家として関与したいと思い、セミナー等に参加し独学で条約の内容や前記実施法について勉強し、ハーグ条約対応弁護士紹介窓口から紹介される弁護士の名簿に掲載させて頂きました。

独立してからの業務は、ハーグ条約の事件のみならず日本の弁護士や知人の米国やヨーロッパの弁護士などからの紹介で、国際結婚をされた方の離婚や監護の問題を扱う事件を多く扱っています。もっとも、通常の国内の家事事件や民事訴訟もかなり扱っており、そこで培った経験が渉外案件でも発揮できております。

三　国際的家事事件

金融法務からの国際的家事（渉外家事）への転身は、かなり特異に見えるかもしれませんが、渉外事務所では海外の方に日本の制度を説明すること、会議を英語で行うこと、案件進行では日本語・英語で資料・契約書を同時進行で作成することが多く、ハーグ条約のような進行の早い事件にも対応できる下地ができていたようです。また、制度の違いというものにアレルギーがないことも、渉外家事事件の処理の後押しをしてくれています。

特に、ハーグ条約事件では、夫婦の不和に巻き込まれて国際的な移動を余儀なくされた子どもが中心当事者なのですが、弁護士、特に日本から子の返還を求める側の弁護士は、実際にはそのお子さんに会うこともなく、海外の依頼者とのスカイプやメールでのやり取りで事件を進めます。その中で、子どもはどんな暮らしをしているのかしら?などと思いつつも、和解的解決が可能か、迅速に必要な主張・証拠を効率的にだすのはどうするのがよいのか、直接にお会いできない外国人の依頼者にどう自分を信頼してもらうか……といった多々の問題と向き合うチャレンジングな状況になります。

ハーグ事件のみならず、渉外家事事件では、想像力を働かせ、また柔軟な態度で、多様な解決策を模索するという姿勢がとても大事だと思います。そして、ハーグ事件では特に、迅速な手続きのためできることも限られ、証拠もすべては出せないという点から適切かつスピーディな取捨選択が必要です。一度にいろいろなことを目まぐるしく考えたり、海外の法律の調査をしたりと、大忙しなのですが、若かりし頃にやりたいと思っていたことができるということは、とても嬉しいことです。また、子の奪い合いの中で、依頼者が人生を考えたり反省したりする姿勢から、個人の人間として学べることもたくさんあります。子を思う心は、言葉を超えて国を超えて、伝わってくる気がします。

これから、法曹を目指す方も、「こんな仕事もあるのだ」と、興味をもっていただけると幸甚です。

女性法曹こそ国会へ！

参議院議員・弁護士　打越　さく良（五三期、新潟県弁護士会）

私は二〇一九年七月から参議院議員をしています。思い切った決断でしたが、今では多くの女性法曹に、国会議員になっていただきたいと願っています。

国会は立法府（憲法四一条）。大方の法案を提出するのは内閣であるとはいえ、審議する重要な役割が国会にはあります。そして、行政監視の役割も重要です。どちらについても、法曹は貢献できます。そして、女性議員が著しく少ない現状では（列国議会同盟によれば、二〇一九年一二月一日現在日衆議院四六五議席中四七人が女性でわずか一〇、一一％で一九三か国中一六二位）、その要因でもある性別役割分業のもと、女性差別等は政治課題として認識されにくい。そんな社会では、女性のみならず男性にとっても生き難い。二〇一八年に発覚した医学部入試における女性差別（私は原告弁護団の共同代表です）についてすら、「過酷な医師の現場からは必要悪」といった「擁護」論が登場しました。「女は家事育児を担い、男は過労死寸前まで働け」という社会は持続可能ではありません。保育や介護、年金、教育、リプロダクティブライツなど、私たちの生活にかかわる無数の課題は、政治に左右されます。女性法曹に政治家になってほしいゆえんです。

ＤＶや虐待の被害者の代理人の仕事にはやり甲斐がありましたが、全国津々浦々の社会的弱者の救済に、政治の果たす役割は大きい。また、二〇一五年一二月、弁護団事務局長を務めた第一次夫婦別姓訴訟で敗訴し（三人の女性裁判官全員を含む五人が違憲判断で男性裁判官一〇人が合憲判断）、最後の砦が機能しないと悟りました。偏った政治に絶望して裁判所に向かったけれど、そこも偏っていた。視野を広げれば、選択的夫婦別姓を阻む勢力は、今の政治の主流派であり、性教育も後退させ、教育基本法の改悪にも成功しています（山口智美・斎藤正美・荻上チキ『社会運動の戸惑い　フェミニズムの「失われた時代」と草の根保守運動』勁草書房参照）。

「議員になってみては？」と言われ、「まさか」と即答したものの、憲法一二条や九七条を想起しました。誰かが引き受けなければ、民主主義は続かない。次世代に「私は自由獲得の不断の努力の歴史に連なりました」と胸を張りたい。参政権運動をし拷問を受けた一〇〇年ほど前の英国のサフラジェットほどの困難があるはずはないのだし。夫も子どもも賛成し応援してくれました。選挙選で新潟県内を走り出すと、地元の方々にむしろエンパワメントされました。また、農業、脱原発、社会保障等に取り組まねばと思うようになりました。「この問題をなんとかしてくれ」と言われ取り組む点でも弁護士と政治家の仕事は似ています。多くの方のご支援で当選でき、感激しました。

私にとって実質的に最初の国会たる第二〇〇回臨時国会の所信表明演説で、安倍首相は国会に改憲議論を呼びかけ、私は身を引き締めました。ところが野党でも政治を改められることを、早速実感できました。たとえば大学入学共通テストの英語民間試験の活用や国数の記述式問題の導入に関し野党が追及していたところ、高校生が立ち上がるとマスコミも注目し政府は「延期」を表明。また、「桜を見る会」問題でも、野党は結束して追及しています。きっかけになった田村智子議員の質問を盛りあげ突破口を開いたのは女性議員たちの連帯だという指摘があります（木下ちがや「「桜を見る会」追及で女性議員ら共闘

求心力失う安倍政権」『週刊金曜日』二〇一九年一一月二二日号）。政治の新参者である女性だからこそ、党を超えて素晴らしい追及にエールを送り、連帯できるのではないでしょうか。

拙稿を機に「民主主義のため不断の努力にコミットしたい」と思っていただけたら嬉しいです！

ＮＰＯ法人「みなと子ども食堂」理事長として

弁護士　福崎　聖子（五四期、東京弁護士会）

私は、二〇一九年八月より、「ＮＰＯ法人みなと子ども食堂」の理事長を拝命し活動しております。

二〇〇一年に弁護士登録して以来、私は多数の少年事件や離婚等の家事事件、それから一般民事事件等を通し子ども達と関わる機会が多く、特にＤＶ家庭における子ども達の虐待の問題や、離婚後に依頼者がシングルマザー・ファザーとなった場合の所謂「貧困の連鎖」については一人の母親として、また一弁護士として大きな関心を抱いておりました。ただ、これまで特に通常業務をこえて子ども達に関連する活動を行う機会もなかったことから、この分野については特に何も行ってこなかった、というのが実情でした。

ところが、二〇一九年の初夏、突然、約一〇年来のママ友であり港区議会議員でもある親しい友人から「みなと子ども食堂の新理事長を手伝ってくれないか。」と声をかけられ、未知の分野であり不安は大きいものの、前述の通り従前より非常に興味を抱いていた分野でありましたので、私でお役にたてるものなら是非とも、という気持ちで迷わずお話をお請けすることに致しました。

さて、当食堂は、二〇一六年一月に港区で最初の子ども食堂として発足し、以来、ボランティアの皆さんで継続して月に二回、区の施設を借り、約六〇食の食事を、子ども一〇〇円、大人は三〇〇円（但し子ども同伴）で提供してきました。また、同時間帯に一六歳以上の学習ボランティアも募り、その方々で、より低学年の子ども達の学習支援も行っております。子ども食堂の活動の主たる目的は、バランスのとれた食事の提供を通した貧困対策は勿論、子ども達の孤食解消や居場所作り、食育等多岐に渡りますが、現在は、子ども達のみならず、その保護者である大人達にとっても地域的コミュニケーションの場や育児に関する悩みを解消する場としての役割も担ってきているようです。

運営の財源は、寄付が大半であり、一部、区等からの助成金も受けています。また、様々な団体や会社・個人から現金の他に米や野菜、果物等の食品の寄付を現物で頂くことも多々あります。

当食堂は、加えて、二〇一九年九月より、区内のある会社から元居酒屋だったスペースを居抜きで無償貸与してもらい、新たに月二回約二〇食ずつの食堂が開催できるようになったほか、更に同年一二月からは、支援対象家庭の子ども達約九〇世帯を対象に、おにぎりの配食事業も開始しました。将来的には区内の様々な団体と連携をとり、フードドライブ活動や衣服のリサイクル、その他、教育分野にまで活動を拡充して行きたいと皆さんでアイデアを持ち寄っているところです。

言うまでもなく現場は、ボランティアの方々によって支えられており、私自身当初は一弁護士としての自分に一体何ができるのかという不安もありましたが、活動を知るにつれ、団体として一般的に有するべき活動規範整備や行政その他団体との折衝を行う上で、弁護士としての資格には、やはり意味があると感じるようになりました。加えて、今後は更により多くの皆様方からの善意のご寄付を集めるべく寄付控除可能な「認定」ＮＰＯ法人となることを目指し、様々な基準をクリアするために規範や事務手続を定める仕事を行う必要があり、これなどは正に弁護士として社会からも必要とされている、期待される役割でありプロボノ活動であると強く感じます。

今後も、とりわけ、未だ弱者である女性や子どもに関する分野では、女性法曹が必要とされる場面が多々あると思います。今後も、子ども達の未来のために、私自身を含め、女性法曹の皆様方で臆することなく、そのような活動に積極的に関わっていくことが、とても重要であると考えています。

言葉と経験

弁護士　川尻　恵理子（五六期、第一東京弁護士会）

一　はじめに

法曹の道に入って、気が付けば一五年以上が経ちました。この間、裁判官、検事、裁判官、弁護士と転々流転し、お陰様で常に新しい環境にあったと思います。結果として、一からのスタートで猛勉強の繰り返しでしたが、振り返ってみれば、その当時はどんなに大変でも、多くの経験を得られたことが、かけがえのない財産となりました。

まだまだ道半ばではありますが、その道中に出会った忘れられない言葉や経験を、いくつか紹介したいと思います。

二　「その人のこれからにとって、何が大切かを考えなさい。」

弁護修習中、離婚訴訟の控訴理由書を起案することとなりました。夫側で、一審では離婚、親権、財産分与、慰謝料、養育費について、全てを争ったものの全部負け、という状況でした。私は内心、とても苦しいと思いつつも、「不当判決！…金銭部分をまけてね。」と書いて、せめて少しは変わりそうな金銭部分について減額を訴える内容の起案をしました。すると、指導担当の先生から、冒頭の言葉を言われたのです。「その人のこれからにとって、何が大切かを考えなさい。この依頼者にとって大切なことは、お金じゃなくて、子供だよ。子供とも会えなくなれば、この人はきっとダメになる。だから、控訴して、すぐに和解を求め、面会交流について決めなきゃいけない。」

こう言われて、ハタと目が覚めた思いがしました。訴訟をしていると、つい勝ち負けに目がいって、少しでも勝とうとしてしまいます。けれども、訴訟は、その人の人生の、ごく一時のことでしかありません。目先の勝ち負けではなく、その後の長い人生に目を向けて、その人にとって何が大切かを考える。これこそが、弁護士の役割なのだと教えられた瞬間でした。

三 「動揺してはいけない。」

裁判官に任官後、初仕事は植木の水遣りでした。また、歓迎会でワインを大量に飲んで、大声で話してしまい、翌日から、声が全く出なくなっているという大失態を演じてしまいました。首を縦と横に動かして意思疎通しつつ、数日後には、部長から「川尻君の声、もう忘れちゃった。」と言われる始末です。そんなある日、主任書記官からおもむろに書類の束を渡されて、「ユウトリ※お願いします。」と言われたのです。即座にチリトリくらいしか思いつかなかった私は、何をすればよいのかさっぱり分からず、「えっ。ユウトリ?!」と動揺して聞き返してしまいました。すると、私の動揺を見た主任書記官も、「えっ。」と驚かれて、動揺されたのです。（※ 執行猶予の取消決定）

小さな出来事ではありますが、この時、私は「動揺してはいけない」ことを学びました。法曹三者は、どの職もなった時からいわば管理職です。そういう立場にある人が動揺すれば、他の人たちも動揺して、不安を感じてしまいます。思い返せば、部長が慌てている姿は見たことがありません。主任書記官からどんなに大変な相談が来ようと、「なに?何か良いもの?」と笑顔で言いながら、落ち着いて問題に対処していました。何が起ころうとも、動揺を見せずに、常に落ち着いていること。それが周囲の人たちを安心させることを、任官後ほどなく実感いたしました。

四　「死ぬわけじゃなし。」

法務省に出向中は、新規の法案立案を立て続けに担当したこともあり、人生で最も多忙な時期となりました。朝四時まで国会答弁を巡って外務省と喧嘩、朝五時にようやくソファーで仮眠に入ると、一時間後に厚労省からの電話で叩き起こされる、といった具合です。省庁では、内部決裁と、関係省庁等との外部決裁（合議）が取れなければ、何事も前に進めることができません。ぎりぎりのタイムリミットがある中で、これを取るために、どちらが譲るか、折衷案があるか等とやり合うわけですが、心身ともに限界状態にあると、ついピリピリして、「絶対に譲れない」との思いに囚われがちになります。この時も、深夜、作成した資料に他省から修正意見が出て、「押し返したい」と思った場面でした。ところが、これを見た担当の後輩は、「…ま、いっか。死ぬわけじゃなし。」と言って、そのまま通したのです。

今から思えば、資料の一文が少し違っていても、さして影響はありません。また、合議で負けたとしても、もちろん死ぬわけでもありません。極限状態にあって、なお心の余裕を失わず、「死ぬわけじゃなし。」と思って、寛容な気持ちで物事を前に進めていく。その大切さを、後輩から学んだ夜でした。

五　終わりに

これまでの全ての経験が私の法曹としての土台となり、今の私を支えています。これからも、きっと多くのことに出会うでしょう。そうして少しずつ成長して学び続け、この国の司法を担う次世代に、得たものを繋いでいきたいと思っています。

特定任期付職員という仕事

弁護士・国立市行政管理部法務担当課長　中澤　さゆり
（五六期、第二東京弁護士会）

第一章　特定任期付職員とは

私は、二〇一三年から、東京都国立市で特定任期付職員として勤務しています。

特定任期付職員とは、地方公共団体の一般職の任期付職員の採用に関する法律に基づいて各地方公共団体において制定された条例により、一定の期間を任期として採用された、高度の専門的な知識等を持つ職員のことをいいます。二〇一九年一二月現在、全国で約一二〇名の法曹有資格者が、特定任期付職員として自治体で勤務しています。

職務内容としては、現在は、法務担当課長として、庁内の法律相談、行政不服審査手続きにおける審理員業務、指定代理人としての活動等といった業務を、職員と協力しながら行っています（インハウスロイヤーの自治体版とお考えいただければわかりやすいかと思います）。この「法務担当」というのは、法曹有資格者の特定任期付職員に多い職種と思われます。

第二章　特定任期付職員になるまで

私が特定任期付職員となったのは、本当に偶然の重なりからでした。私は、二〇〇四年四月の登録の際には、大手渉外事務所に勤めていたのですが、体力・能力ともについていけないと悩んだ末、別の事務所に移りました。その後、妊娠を契機にその事務所も退所し、他の事務所で主に在宅勤務をしながら二人の子の育児をし、ママ友に恵まれたため日々楽しく暮らしており、気が付けばあっという間に五年近くが経っていました。ブランクが長くなり怖くなったこともあり、一時はずっとこのままでとも思っていたのですが、一念発起して仕事に復帰することにしました。といっても、在籍事務所はタイミング的に復帰が難しく、かといっていきなり他の事務所でというのは勤務時間等の問題で難しいだろうと考えていたところ、弁護士会の求人情報に、国立市の嘱託員の募集が出ていたのです。嘱託員は、勤務時間が一日六時間と短く、兼業も可能でした。そこで、応募してみたところ、運良く採用され、一年間勤務することになりました。そしてその間、さらに運の良いことに、条例が制定され、翌年度から、特定任期付職員として勤務することになったのです。

第三章　自治体法務との出会いとこれから

このように、私が特定任期付職員になったのは偶然からであったのですが、結果的には、（大げさかもしれませんが）人生を変えるような素晴らしい出会いとなりました。

まず素晴らしかったのは職員の方との出会いです。それまで市役所職員というと、淡々と事務作業を行っているというイメージがあったのですが、入ってみるとやる気と能力のある方が多く、イメージを一新させられました。今も日々刺激を受けています。次に、同じように自治体法務に携わる弁護士との出会いです。外部から、あるいは特定任期付職員として自治体法務に携わる弁護士と、弁護士会や任意の活動を通じて知り合うことができて、知見と交友関係が格段に広がりました。第三に自治体法務という職業との出会いです。自治体法務には、まだまだ新しい問題点がたくさんあり、知的好奇心を刺激されます。また、扱うのは行政法だけではなく、民事法、労働法、知的財産法、福祉関係法と多岐にわたっており、様々な分野を勉強する機会に恵まれます。何より、「住民のため」という明確な目的があるので日々やりがいを感じることができます。

私の任期はあと数年ですが、任期後も自治体法務には何らかの形で関わっていきたいと考えています。若い女性法曹の方々は生活との両立等で悩むことも多いかもしれませんが、私のように一度はキャリアを中断しても、また機会とか出会いに恵まれることもあります。諦めず、でも頑張りすぎずに、その能力を生かして頂くことを願っています。

女性冤罪被害者の、女性再審弁護人であること

弁護士　鴨志田　祐美（五七期、鹿児島県弁護士会）

私は、弁護士となった当初から、鹿児島の冤罪事件である「大崎事件」の再審弁護団の一員になりました。この事件の再審請求人・原口アヤ子さんは、殺人・死体遺棄の容疑で

逮捕された時から一貫して無実を訴えてきましたが、いずれも知的障がいを抱えていた、アヤ子さんの元夫、義弟、甥の自白によって懲役一〇年の有罪判決が確定しました。アヤ子さんは刑務所では模範囚だったため、罪を認めて反省文を書くことを条件に刑務官から仮釈放を勧められましたが、「やっていないものは反省できない」とこれを断り、満期服役しました。

私が弁護団に加入したとき、私以外の弁護団員は全員男性でしたが、みな「アヤ子さんは『鉄の女』だ」「再審開始決定を取り消されたときも涙を見せなかった」と口々に言っていました。

確かに、「共犯者」たちが厳しい取調べに屈して次々と虚偽自白に追い込まれるなか、否認を貫いたアヤ子さんの強さは、生半可なものではないでしょう。

でも、本当にアヤ子さんは「鉄の女」なのでしょうか。

アヤ子さんは男尊女卑の気風が色濃く残る鹿児島の小さな農村で、農家の長男である一郎さん（仮名）のところに嫁いできました。知的ハンデを抱える男たちの多い一族を「しっかり者」として切り盛りすることを、親族から期待された「嫁」でした。

一郎さんの末弟・四郎さん（仮名）が、牛小屋の堆肥のなかから遺体で発見されたとき、警察は、アヤ子さんが四郎さんに生命保険をかけていたことを突き止め、アヤ子さんを保険金殺人の首謀者だと決めつけたのでした。でも、アヤ子さんは、飲んだくれては酔い潰れて道路に寝てしまう義弟を心配し、万一のときに備えて保険をかけていただけなのです。アヤ子さんの夫の一郎さんも普段はおとなしい人でしたが、酒癖が悪く、酔っ払ってアヤ子さんに暴力を振るうこともありました。

善良だけど酒にだらしない男たちを「長男の嫁」として必死に支えていたアヤ子さんなのに、確定判決では「勝ち気な性格で、口数も多く」などと認定されています。

アヤ子さんは刑務所を出所した後、一郎さんに「一緒に再審請求をしよう」と持ちかけましたが、知的ハンデを抱えた一郎さんは、辛い裁判に再び巻き込まれるのは耐えられないと思ったのか「俺はもうよか（もういい）」と断りました。アヤ子さんは一郎さんに失望し、離婚して一人で再審の闘いを始めました。でも、この夫婦は、事件さえなければおそらく離婚などしなかったでしょう。みずからの汚名を晴らすことより、娘や孫たちに迷惑をかけたくない一心で、再審を闘い続けたアヤ子さんの孤独は、いかばかりであったでしょうか。

冤罪は、男女を問わず深刻な人生被害ですが、大崎事件では女性に対する偏見や差別も冤罪を生み出した一因になっていると考えられます。九二歳となり、発語が難しくなったアヤ子さんの代わりに、女性冤罪被害者の女性再審弁護人として、私は声を上げ続けます。

弁護士から研究者を目指して

弁護士　岩元　恵（六一期、第二東京弁護士会）

一　はじめに

私は、現在、法学研究科の博士課程に在籍し、研究者への道を目指しています。まだ学生をしており、キャリア転換の途上にありますが、あまり多くない例だと思いますので、一例として紹介させていただきます。

私は、大学を卒業した後、当時できたばかりであった法科大学院に進学しました。進学した際には、修了後は法学研究科に進学しようと思っていましたが、その後、司法試験の受験、司法修習を経る中で、実務家として働くことを決め、いわゆる「まちべん」として弁護士をしてきました。

二　弁護士として

弁護士としての仕事は多岐にわたっており、民事事件や家事事件、民事再生等も含む企業関係の仕事に限らず、刑事事件、少年事件も担当してきました。特徴的な業務としては、子どもに関係する業務で、児童相談所の関係の仕事や、虐待を受けた子どもがシェルターに入居する際の代理人としての仕事等をしたことがあります。弁護士の業務をしていると、アドバイスや問題解決のため、特定の分野の専門家とやりとりをするために、様々な分野の法律等を勉強し知識を身に付ける必要が出てきます。そのため、学生時代に想像していたよりも様々な分野について、実務家として触れることになりました。

また、弁護士会の委員会活動として、業務とは異なることにも取り組んできました。具体的には、子どもに関する問題の中でも特に児童福祉に関する活動や、法教育の活動を行ってきました。これらの活動を通じて、法教育の授業で利用する教材を他の弁護士とも協力しながら作成したり、実際に学校で授業を実施する等してきました。

三　大学院生として

このような経験を経て、法学研究科の博士課程に進学しましたが、やはり修士課程を経て進学するのとでは違いがあります。弁護士実務や法科大学院の授業では、幅広く法学の勉強をしますが、英語を用いる機会は少なく、法学研究科の修士課程に進学した場合と比較すると、外国文献を読み、それを用いて考える力は足りないと実感しています。

一方、私が専攻しているのは憲法であり、実務経験の中で直接憲法を扱う機会はなかったものの、問題となっている特定の法律を扱うことは実務経験の中でも行ってきたこと、また訴訟の実際がわかるため、理論上の問題だけではなく証明の難しさなども含め実務上どうなるかを具体的に考え実務上の問題点も検討できること、ある問題について原告・被告・裁判所という三方向から客観的に検討をする癖がついていること等は利点ではないかと考えています。

また、法科大学院では少人数教育が行われていたため、分野を問わず先生方との距離が近いことや、一緒に学んだ同期たちが実務家となり様々な専門をもっており、実務上の様々なこと等を聞き、切磋琢磨できることもまた大きな利点・財産だと感じています。

四　おわりに

弁護士を経てから研究者になる道は、時間はかかることになりますが、前述のような利点があると考えています。私自身まだ大学院生で、研究者として就職することができるかは未定の状況ではありますが、せっかく得た弁護士としての実務経験を活かした研究をしていきたいと思っています。

弁護士・保育教諭という肩書きで仕事をしています

弁護士　木元　有香（六一期、第二東京弁護士会）

一　現所属事務所で保育施設担当となるまでの経緯

私は二〇〇八年に弁護士登録し、最初はボス弁一人、秘書二人の法律事務所に入りました。一年半後、景気の影響で事務所が縮小することとなり、私は現在も所属する事務所に転職しました。

転職先は弁護士四〇人ほどが所属する中堅の事務所で、税務と企業法務とで定評を頂いています。もっとも、事務所の所長が、新規事業を手がけるのを好むため、新規事業に従事するための弁護士として採用されました。

転職してすぐは、制度改革のあった公益法人業務に従事しました。しかし、転職して六ヶ月で産休に入ることとなったため、結局、通常の企業法務や税務訴訟に携わるようになりました。

私が育休から復帰したとき、所長が保育関係のコンサルタントと懇意になっていました。そのため、事務所の顧問先に保育施設が増え、ママ弁護士の先輩と私との二人で担当することとなりました。その後、その先輩弁護士が転職し、私が主に一人で、必要な場合は後輩弁護士を入れて、担当を続けています。

二　保育士資格、幼稚園教諭免許の取得

顧問先のことをもっと良く知りたいと思い、第二子の育休中に通信教育で勉強し、試験を受けて、保育士資格を取得しました。「児童家庭福祉」や「社会福祉」といった科目は法律と親和性がありましたが、「子どもの保健」や「子どもの食と栄養」といった科目は、法律とは無関係で、法律以外の勉強をすることが逆に面白かったです。

保育士資格を取った後、認定こども園の団体から研修講師の依頼を受けるようになり

ました。認定こども園では、保育士資格と幼稚園教諭免許の両方を持った「保育教諭」が現場で働いています。そこで、第三子の妊娠中から、幼稚園免許取得のために通信制の大学に通い始め、育休後には幼稚園での一ヶ月の実習も経験し、幼稚園教諭の免許を取得しました。一ヶ月の実習中は、慣れないことの連続で、体力が必要な場面も多く、大変辛かったです。ただ、私は、学生の頃から大したアルバイト経験もありませんでしたので、見習いとはいえ違う職業に就くという経験をさせてもらえたのは、大変ありがたかったです。

三　現在の仕事の内容

主な仕事としては、事務所の顧問先の保育施設の法律相談に乗ったり、保育関係の研修講師を勤めたりしています。これまでに二冊、単著で、保育と法律に関する書籍を出版いたしました。書籍を出すことにより、地方の保育関係者にも認知してもらえ、地方での講演依頼も増えました。

その他は、固定資産税や印紙税に関する事務所の業務にも従事しています。個人事件では、進行中の家事事件もあります。

保育関係の仕事の一本に絞らず、様々な分野の仕事に取り組むことで、新鮮な気持ちを保持できたり、他分野で勉強した知識が活かせたりしますので、これからも、保育関係の仕事は主にしつつも、興味のある分野を積極的に開拓していきたいと考えています。

四　これからの若手女性法曹へのメッセージ

弁護士は、色々な分野を勉強することができ、その成果で報酬を得られるところ、また、依頼者に感謝されたり、世の中に発信できたりするところに、私は大きな魅力を感じています。

所属する事務所や会社によって事情は異なるでしょうが、弁護士の場合、仕事の進め方に関して裁量が大きく、私生活との両立はしやすいのではないかと考えます。仕事の受注に関しては、東京では、弁護士数も増え、他の弁護士との差別化を図らないと、なかなか生き残れないように感じていますが、それでも、まだ弁護士が進出していない分野は山ほどあると考えています。

日本女性法律家協会（女法協）には、法科大学院の恩師の野﨑薫子先生にお誘い頂き、入会いたしました。二〇一〇年と現在（二〇一九〜二〇二〇年）の二回、幹事を務めております。女法協には私生活と仕事との両立を見事に果たしてこられた立派な先輩方が沢山集まっていらっしゃいます。ぜひ、女法協に入って頂き、素晴らしい女性法曹の方々との出会いから貴重な学びを得て頂ければと思います。

任官してからをふりかえって

東京地方裁判所判事　長妻　彩子（六一期）

裁判官になると、避けては通れないのが異動に伴う引越しです。私は、大学卒業まで一度も引越しをしたことがありませんでしたが、平成二一年九月に判事補に任官してから判事になるまでの一〇年間に、六回引越しを経験しています。

任官して最初の配属先は大阪地方裁判所の刑事部でした。ちょうど裁判員制度が始まる頃で、着任してすぐに、広報活動として梅田駅でチラシ配りをしたことを覚えています。担当する事件は痛ましい、悲しいものが多く、刑罰を決めることの重圧感もありましたが、裁判員や他の裁判官と話し合って結論を出し、その理由を判決書に表現することにはやりがいがありました。

平成二三年夏から二年間、ハーバード大学に留学する機会を得て、一年目はＬＬＭを履修し、二年目は客員研究員として過ごしました。

平成二五年夏に帰国し、水戸家庭裁判所に配属となり、少年事件や家事事件、離婚訴訟等の人事訴訟を担当しました。事件の背景にある問題の深刻さや、当事者間の対立の激しさに圧倒されることもしばしばでしたが、少年や家族の再出発の場面に立ち会う機会も多くありました。私生活では、このころ、同僚だった書記官と結婚しました。

平成二八年四月に長野地方裁判所佐久支部に異動しました。佐久支部は裁判官が二人だけの小さい支部で、私は主として民事事件を担当していました。民事事件を担当するのは初めてで、四苦八苦しているうちに妊娠が分かり、一年経たないうちに産休をいただくことになってしまいました。

平成二九年三月に長男を出産し、育休期間を経て、平成三〇年四月から現在まで東京地方裁判所の民事部に勤務しています。

現在、夫の勤務先に近い茨城県水戸市に家族で住んでおり、職場まで片道二時間程度かけて通勤しています。そのため、平日の家事育児は夫の負担が大きくなっています。裁判官は二、三年ごとに全国に異動するので、男性・女性を問わず、単身赴任をしている方も多くいます。

異動のことを考えると、裁判官の仕事と家庭を両立するのは大変な部分もありますが、それでも、何とかやりくりしてこの仕事を続けていきたいと思っています。

その理由の一つは、産休・育休中に時間をもてあましてしまい、自分は仕事があってある程度忙しい方が元気でいられるようだと気付いたことです。

仕事の性質も、自分で仕事を取りに行かなくてもいいところや、日々のスケジュールをある程度自分でコントロールできるところが、どちらかというと受け身でマイペースな自分には合っているように思います。

また、異動を機に、職場環境や仕事内容が大きく変わるので、自然と知識や経験、人脈が増えていきますし、長い期間、飽きることなく働き続けられそうです。

修習生の方から、どういう人が裁判官に向いていますか、と質問されることがありますが、特にこういう人がいい、というのはなくて、法律家としての基本的な素養をベースとして、それぞれの持ち味や強みを活かせる職業ではないかと思います。周りの裁判官を見ても、本当にいろいろな人がいて、コミュニケーション力のある人は話合いで事件を解決に導き、文章力のある人は判決で関係者を納得させるといった具合に、それぞれのスタイルで仕事に取り組んでいます。

裁判所は女性の多い職場で、未婚・既婚や子どもの有無にかかわらず活躍している女性が大勢いらっしゃるため、自然と、自分もまあ何とかやっていけるのではないかという気になりますし、困った時に相談できる先輩もたくさんいます。法曹を志す女性の方々に、進路の選択肢の一つとして、ぜひ裁判官の仕事を気軽に、前向きに検討していただければと思います。

弁護士が社会を変えるきっかけをつくる

弁護士　山崎　新（六二期、東京弁護士会）

・弁護士になろうと思ったわけ

私は心理学科卒で、前職は社会教育関係の団体職員でした。あるとき労働相談の事務局担当になりました。全国の若者から「社長に、明日から来なくていいと言われた」とか「賃金を払ってくれない」などの相談が多数寄せられていて、私も初めて法律を見てみたのですが、結局色んな権利があっても知らないと使えない、それでは自分の身を守れないことに気づきました。

また、私は大学のころからジェンダーに関心を持っていました。社会的弱者としての女性のエンパワーメントに関わる仕事をしたい、特に心理学で学んだ家族病理としてＤＶや虐待にはずっと関わりたいと思っていました。

法律は弱者を守る武器になる、その武器を使って私が盾になることで女性たちが力を回復し生きる力を取り戻す。弁護士という職業はそれができる唯一の職業かもしれない。そう思い、一から法律を勉強して司法試験を受けることにしました。

・受験を乗り越える原動力

三十代で一から始めた法律の勉強はとてもきつかったですが、三六歳でやっと弁護士になることができました。その間、女性弁護士が書いた本をいくつも読みました。印象に残っているのは、日弁連の「両性の平等に関する委員会」で出された「女性弁護士の歩み三人から三〇〇〇人へ」という本でした。一九四〇年に日本で初めて三人の女性弁護士が登録し、その後女性弁護士が三〇〇〇人以上に増えるまでの間の女性弁護士の活躍が書かれた本でした。私はそれを読んで、弁護士は個別事件の訴訟活動だけでなく、社会全体を変えるために裁判を勝ち取ったり政府にアピールしたりできることを知りました。これまでの女性弁護士がジェンダー分野で法制度を変える原動力になってきたこと、今後は私もその一員になりたいと強く思いました。

・弁護士になってからの活動

登録当初から女性弁護士だけの法律事務所に入所し、そこで家事事件の経験を多く積み、二〇一七年に同期の女性弁護士と独立しました。今は吉祥寺で「女性のための」アイリス法律事務所を運営しています。

「日弁連両性の平等に関する委員会」にも登録二年目から参加しています。本でお名前を拝見した先生方と同じ活動ができることに本当に興奮しましたし、今でも委員会は私にとって初心に戻れるリフレッシュの時間です。シンポジウムを開催したり提言を出したりという活動を通じて、大先輩の深い視点や議論に触れることは純粋に楽しいです。

また、興味ある弁護団には積極的に入るようにしました。最初は「七生養護学校事件」。二〇〇〇年代初頭の性教育バッシングの違法を問う裁判でした。次は性同一性障害の男性の「GID嫡出子裁判『法律上も父になりたい』弁護団」。この二つの事件はいずれも最高裁まで行って勝訴となり、当時の諸制度を変えるきっかけをつくりました。

さらに、「夫婦別姓訴訟」。第一次訴訟は二〇一五年に最高裁大法廷弁論後まさかの合憲判決でした。二〇二〇年現在、第二次訴訟が継続中です。最近は、「医学部入試における女性差別対策弁護団」。二〇一八年夏に発覚した東京医大他の医学部入試における女性受験生に対する差別的な得点操作は、マスコミにも大きく取りあげられ、現代の日本でこのようにあからさまな直接差別が行われていたことに、私たち女性弁護士は愕然とし、すぐに弁護団が結成されました。私はその事務局長として、いまも東京医大と順天堂大学に対する訴訟を行っています。

・弁護士という仕事について

個別の依頼者のために仕事するのは言うまでもなく弁護士の本分です。その方にとっての人生の一大イベントを共に乗り越え、その過程で依頼者が元気になる姿は嬉しいものです。

一方、志を共にできる弁護士仲間とともに、弁護団や委員会活動を通じて自分たちの様々な疑問や思いを形にして社会に向けてアピールし、自ら法制度を変えるきっかけをつくるのも、弁護士としての存在価値を実感できる、意義ある活動だと思っています。

カルデラの中にある法律事務所から
（阿蘇ひまわり基金法律事務所）弁護士　森　あい（六四期、熊本県弁護士会）

阿蘇ひまわり基金法律事務所は、広大な阿蘇カルデラの中にあります。ひまわり基金法律事務所は、全国一〇〇か所以上で開設されていますが、カルデラの中にあるのは、当事務所だけかもしれません。

私は関西の出身で長く関西で暮らしていましたが、修習地が東京になったのを機に引っ越し、阿蘇に行く前は、池袋にある東京パブリック法律事務所で勤務していました。阿蘇に来るまで、自動車が必要な地域、田畑が当たり前の場所で暮らしたことがありませんでした。夜遅くまで、電車が走り、深夜でも人通りが多い。お店はいくらでもあって、買い物には全く困らない。そういう場所ではなく、「もっと違った地域で暮らしてみたい、違う生活を知りたい」、そう思って、司法過疎地に行くことを志望し東京パブリック法律事務所に入所しました。

しかし、東京には関西よりもずっと多くの人が暮らし、たくさんの面白いことがありました。私はだんだんと司法過疎地に行くことが億劫になりましたが、いつまでも先延ばしにはできません。司法過疎地へ行くことを決め、二〇一四年、阿蘇ひまわり基金法律事務所に赴任しました。

十数年来のペーパードライバーであった私も、おそるおそるの車庫入れを繰り返し、なんとか車の運転に慣れ、雪の山道も走れるようになり、もう五年が過ぎました。

この五年の間に、学んだことは様々あります。相談予約をされる方が相談されるトラブルの当事者かどうかを確認することは必須です。そうしないと、例えば「東京で暮らす子どもの離婚」を相談しに親御さんや、時には祖父母などご親族がいらっしゃってしまいます。もちろん利益相反にも厳重注意。事務所外で相談を受けるときも、相談リストを確認。驚くほどの確率で利益相反が生じます。また、ほとんどの方がお一人で相談に来ていた池袋とは違い、阿蘇では複数でのご相談が珍しくありません。親御さんや祖父母、子、孫だけでなく、いとこや、おじさん、おばさん、また、親族以外の方も同席されます。三人、四人と同席され、小さな相談室は満員に。親族やご近所の助け合いのかけがえなさを知ることがたくさんある一方、がんじがらめになっている、特に女性を見ることは少なくありません。また、低賃金は、助け合いが前提。助け合いの輪から外れてしまい、収入が少ない方は、都会以上に暮らしが大変なように思います。離婚すると経済的にやっていけないと離婚を諦めざるをえない女性にお会いするとき、なんとかならないものかと、この社会について考えさせられます。

私は、女性らしいというタイプではなく、「女性」として括られるとこそばゆい気持ちになるのですが、阿蘇に来て、自分が女性で良かったと思うことは度々です。阿蘇支部管内には弁護士は三人いますが、私以外は男性です（二〇一九年末現在）。「女性の先生でよかった」、相談の終わりなどにそうおっしゃる方が多いように感じます。女性、男性と言っても人それぞれですが、私が女性であることで、阿蘇の外に行くお金や時間や術がないことが多い女性の役に立てるなら何よりです。

私は、東京にいた時から、ＬＧＢＴに関心を持ち、現在も、「結婚の自由をすべての人に」訴訟の弁護団として活動しています。東京を離れるときは、阿蘇に行くとそのような活動はできなくなると思っていました。しかし、今は、インターネットがあります。不便はありますが、ネット会議も、様々なツールでの情報交換や共有も、阿蘇にいてもできます。

地方では、活動している人が少ない分、自分の知識・経験が活きる場面が多くあります。四季のダイナミックな変化を感じられる、満員電車がないこの場所で、これからも弁護士として暮らしていきたいと思っています。

英国留学を終えて

横浜地方裁判所横須賀支部判事補（地裁本庁常てん補）尾田　いずみ（六五期）

はじめまして。現在、横浜地方裁判所民事第三部で勤務しております、尾田いずみと申します。平成二五年一月に裁判官に任官して、現在、八年目を迎えております。初任地の仙台地方裁判所民事部で三年三か月勤務した後、横浜地方・家庭裁判所横須賀支部に赴任し、二年間にわたって主に少年事件を担当しました。その後、判事補在外研究制度により、一年間、英国における在外研究の機会に恵まれました。平成三〇年七月に渡英し、改元を英国滞在中に迎え、令和元年七月に帰国後、常てん補というかたちで横浜地方裁判所民事第三部に配属となり、主に執行事件を担当しております。執行事件を専属として担当するのは、今回が初めての経験で、権利実現の最終段階において様々な判断を適正かつ迅速に行うことの難しさを実感する毎日を送っています。

今回このような執筆の機会を頂きましたので、一年間の英国留学の経験をご紹介させていただきたいと思います。

私の滞在したカーディフ（Cardiff）という町は、英国（United Kingdom）を構成する四つの国の一つ、ウェールズ（Wales）の首都になります。ロンドンから西方に電車で約二時間半の場所に位置し、イングランド（England）との国境となっているセヴァーン川を渡ると、道路標識や鉄道の駅名にも、ウェールズ語が併せて表記されるようになり、最初に町を訪れた時は、大変面白く感じるとともに、ああこの国はやはり「連合王国」なのだと実感したことを今でも印象深く覚えています。また、私が英国で過ごした一年は、英国が欧州連合から離脱する期限を迎えては、延期になるという、まさに激動の時期でしたので（ご存知のとおり、結局、私が滞在している期間中には、離脱できなかったわけですが）、北アイルランドの国境問題、スコットランドにおける独立運動の機運の高まりなども含め、英国という国の歴史的・文化的背景やそこから派生する複雑な問題を、折に触れ、肌で感じることができ、大変刺激的な留学生活であったことはいうまでもありません。

在外研究中は、カーディフ大学の客員研究員として、学部及び実務家養成課程の民事・

家事に関する講義を聴講するほか、長期休暇を利用して、英国各地の裁判所を訪問し多くの事件を傍聴しました。聴講や傍聴を通じ、英国と日本の司法制度の根本的な違いを感じることはとても多く、紙面の都合上全てを紹介することはできませんが、授業の聴講を開始した頃、ある教授が、「英国の法体系はパッチワークのようになっているんだ。」というコメントをおっしゃったことがあり、とても納得しました。判例法を基礎として、その足りない部分を個別法が埋めるように作られている英米法の在り方をとてもよく表していると思います。

思い返すと、本当にあっという間の一年間でしたが、異国の司法制度に触れることは、何より自国の司法制度を振り返るよいきっかけになったように思います。裁判官という仕事は、担当する事案の一つ一つに誠実に向き合うことがその本質ではないかと思っていますが、そうした誠実さを保つためには、自らを客観的に分析することがとても大切だと思います。在外研究期間中に触れた多くの経験は、日本では常識だと思っていた多くのことが制度を異にすると必ずしもそうではないということを改めて知る貴重な機会でした。そのなかで、日本の司法制度には、多くの長けた点がある一方で、まだまだ改善・改革の伸びしろに満ちていると思わずにはいられません。ＩＴ化を目前に、民事訴訟は大きな変革の時を迎えています。新しい裁判の在り方を模索する時代を担う世代として、在外研究で得た多くの疑問、興味、関心をさらに今後の裁判実務に生かしていきたいと思っています。

組織内弁護士という選択

弁護士　山本 晴美（六七期、東京弁護士会）

この本をお手にとってくださった皆様、初めまして。山本と申します。私はこれまでずっと法律事務所ではなく組織の中の人として勤めてきました。拙稿が働き方の多様性の一つとして、皆様のご参考になれば幸いです。

私は小学生の頃、大平光代先生の『だから、あなたも生きぬいて』を読んで、少年犯罪を扱う弁護士を志しました。通っていた小学校で学級崩壊やいじめが起きていたこともあり、弁護士になれば、辛いばかりのこの体験をプラスに活かせるのではと思ったのです。

大学受験では法学部を選びましたが、勉強が面白く感じられず、司法試験を受ける覚悟もないままに三回生の夏を迎えました。

私の母校である同志社大学は企業法務人材の育成に力を入れており、現役の企業の法務部の方が講師を務める授業のほか、法務部へのインターンシップ制度もありました。当時、証券取引法が金融商品取引法に改められたところで、噂のJ-SOXを覗いてみるかと私が応募先に選んだのが、有限責任監査法人トーマツの法務部門でした。

二週間のインターンシップでは、契約書のお作法や社内向けのコンプライアンスプログラムを紹介いただいたほか、法務の悩みどころなども伺いました。監査法人はいわば公認会計士の会社なので、遵法意識は一般より高いのでしょうが、それでも法務の目線とビジネスの現場の目線は異なりうるもの。どのように信頼関係を築き、折り合いをつけてリスク管理するか。今のご時世、簡単な法知識ならGoogleですぐに手に入ります。その中で、法務部門がどのように付加価値をつけることができるか考えたときに、法律自体の世界観や立法経緯などの趣旨を現場に伝え、あるいは現場からのリクエストを法律の趣旨に即した形に整理し直し、必要なら当局に働きかける…そんな、法律とビジネスとの間の風通しをよくする組織内弁護士を目指すに至りました。

法科大学院在学中は国土交通省でのインターンシップの機会を頂きました。受入担当の方から、「インターンシップを通して、法律だけではどうにもならないこともあると知ってほしかった」と言われたことが、何より印象的でした。

司法修習修了後、私はトーマツの組織内弁護士として、キャリアをスタートさせました。先輩弁護士はいましたが、新卒採用は私が初めて。仕事内容は、自社の争訟・労務・契約審査・コーポレートのほか、顧客に対する会計監査上で生じた論点について法律面から検討するというものもありました。日々、多様なバックグラウンドの同僚の考え方や振舞いを参考にしたり、顧客が抱える論点を公認会計士に伝わるよう整理したり、自社という一つの事業体を俯瞰して経営理念やブランドイメージを意識して考えたり、同じグループの法律事務所の先生とお話ししたり…振り返れば「ならでは」な経験を沢山させていただきました。私には、そういった働き方が心地よかったのです。トーマツで三年半勤務した後、法律を作る側の思想を学ぶべく、現在は官公庁の任期付公務員として、法制度の企画・立案等を行っています。

私が理事を務める日本組織内弁護士協会には、一五〇〇名を越える組織内弁護士やそのOB・OGが参加しています。組織内と一口に言っても、企業、官公庁、大学、高校、病院など、さまざまなフィールドで活躍する弁護士がいます。法の光をくまなく照らすという意味のみならず、自身のスタイルやその時々のライフステージ等に合う働き方を選び、自身の能力を最大限発揮させるという意味でも、自分の働き方は自分で選ぶ、時には売り込むなりして創り出すという時代になりつつあるのかもしれない。そんなことを思いながら、今日も霞ヶ関に向かう電車に揺られています。

日本女性法律家協会に期待すること
―二重の advocacy のプロセスを動かすエンジンとして

神奈川大学法学部教授　井上　匡子

日本女性法律家協会（以下「女法協」という。）の創立七〇周年という記念すべき年に、副会長として女性法曹のみなさんとご一緒させていただくことができ、とても光栄です。私は、法哲学・法思想史、そしてジェンダー／フェミニズム理論を専門とする研究者として、神奈川大学で教員をしています。わずか一年半あまりの関わりではありますが、感銘したこと、期待していることを記しておきたいと思います。

さて、皆さんご存知の通り、女法協は一九五〇年に一〇余名で設立されました。当時女性法曹は、法曹界においても、政治や経済などの社会全般においてもマイノリティでした。しかし現在は、自分たちをマイノリティと意識している女性法曹は減っているように見受けられます。

また一般にも、人口の半分は女性なのだからマイノリティではないと、真面目な顔で反論されることがあります。ここにはマイノリティという語に関する誤解があります。マイノリティとその対語であるマジョリティは少数者／多数者と訳されていますが、マイノリティとは単純に数の問題に還元しうるものではありません。それは、社会の制度から排除されている人、つまり、社会的な弱者のことを指します。弱者には、障害者、外国人、ひとり親家庭の人、あるいは少数民族出身者などが含まれます。最近は、困難を抱えている人たちという意味でヴァルネラブル（Vulnerable）な人たちと呼ぶことも増えています。

マイノリティやヴァルネラブルな人たちは、制度を使って、自分の生活や人生を切り開いていくことに困難があります。なぜなら、制度はマジョリティが作り、運営しており、意識的にも無意識的にも、自分たちが使いやすいように作られているからです。民間法曹のとても重要な役割は、この困難を抱える人達が、制度につながる／制度を利用できるように、その声や視点、利益・権利を代弁（Particular Advocacy）していくことです。また、そのような活動を通じて、現存の制度をマイノリティが使い易いものにしていくための活動（Social Advocacy）も重要です。マイノリティの声は小さいものです。それを察知できるのは、個別のケースの対応の中で当事者の方と接する「まちべん」と呼ばれる弁護士さんたちです。そして、そのような声に答えるためには、裁判官や検察官の理解が不可欠です。

翻って、女法協の特徴と一番の魅力は、裁判官・検察官・弁護士・研究者の四者が集まっている点です。弁護士の中でも、国際的に活躍されている方や、インハウス弁護士として企業や行政の中で働いている方、「まちべん」として活躍されている方も実に様々なタイプの方がいらっしゃいます。何事も縦割りに物事がすすめられている日本社会では、この横軸的・横断的な集まりは、とても貴重な「場」です。

この「場」では、職種や業務により異なる方向性や価値観が、法曹という共通の枠組みと言語をもちつつ、ぶつかり合います。ある時には、お互いの知恵やスキルを学びながら、またある時はぶつかり合いながら、価値が編集されていきます。私は、女法協に関わったこの一年半の間、そのような場面を何度も体験しました。このような「場」を提供し、二重の Advocacy のプロセスを動かすこと、これこそが、格差が輻輳化し、みえにくくなっている現代社会の中で、女法協が果たしうる大切な役割です。

くわえて、女法協のお仲間たちが、この「場」を楽しんでいることにも大きな感銘を受けました。異なる価値観や考え方との遭遇は、本当はとても楽しいことなのですね。今や、「女性」とは何かも含めて、私達が当たり前と考えていたこと、制度設計や運営の前提としてきたことが、どんどん変化しています。今後とも女法協が、研究会や講演会、キャリアサポートなどの行事を通じて、この価値の編集の「場」を提供し、そして二重の Advocacy のプロセスのエンジンとなることを、そして何より、皆さんがそれを楽しまれることを心から願っています。

あとがき

本書は、日本女性法律家協会（以下、「女法協」と言います。）の原若葉会員から出版企画をご提案頂き、女法協七〇周年記念事業の一環として出版することになりました。これまでの女法協の歩みにとどまらず、裁判官・検察官・弁護士・研究者の実際を知っていただくことで、これから裁判官・検察官・弁護士・研究者を目指そうと思って下さる方が一人でもいらっしゃれば嬉しく思います。

現在の法曹界は、比較的女性の参画が進んでいる分野だと思いますが、本文でも触れられているとおり、女性弁護士が誕生したのは一九四〇年という八〇年前のことです。その後も、女性の裁判官・検察官への任官を避けたがる傾向や女性差別の状況にあるなか、女法協も関係各所と継続的な交渉・協議を重ね、現在の状況に至っています。本書の編集担当は、いずれも女法協の役員や会員ですが、女法協での経歴はさまざまであり、本書を作成するにあたって初めて読む女法協の会報もたくさんありました。創設からの会報を読み返すことで、前述のような諸先輩方のご苦労を、私たち自身も改めて知ることになり、本書の作成は、編集担当にとって、大変貴重な機会となりました。

法曹界から現在の社会全体に目を転じてみると、二〇一八年に医学部入学試験における女性受験者に対する差別が発覚するなど、性別を理由とする不合理な差別は、現在も存在しています。すでに本文でも紹介されておりますが、こうした女性に対する差別の解消に対する女性法曹の果たす役割の大きさも、本書編集を通じて改めて実感致しました。

新型コロナウイルスの影響で、当初予定していた時期からは延期になりますが、女法協では、『共生の未来へ—Leave No One Behind—』というテーマで女法協創立七〇周年記念シンポジウムを開催するべく、準備を進めております。シンポジウムでは、女性に限らず社会的に弱い立場に置かれがちな性的マイノリティや高齢者等にも目を向け、共生について考え、その中で女性法曹の果たす役割についても考えたいと思っております。女性の問題については勿論のこと、女性法曹として社会に対して何ができるかということは、今後も私共が考え続ける課題なのだと思います。ぜひ、女法協のこれからにもご注目頂き、一層のご支援とご協力をお願い申し上げます。

女法協の詳細についてはHP（https://j-wba.org/）に掲載しておりますので、併せてご参照願いたく存じます。

二〇二〇年五月

執筆編集者一同

「日本女性法律家協会 70 周年のあゆみ」執筆編集担当者

野崎　薫子　　**井上　匡子**

松野　絵里子　　**福島　かなえ**

福崎　聖子　　**岩元　　恵**

日本女性法律家協会 70 周年のあゆみ
～誕生から現在，そして未来へ～

2020 年 6 月　第 1 刷発行

著　　者　日本女性法律家協会
発 行 人　井　上　　修
発 行 所　一般財団法人 司　法　協　会
〒104-0045 東京都中央区築地 1 － 4 － 5
第 37 興和ビル 7 階
出版事業部
電話(03)5148-6529
FAX(03)5148-6531
http://www.jaj.or.jp

落丁・乱丁はお取替えいたします。　印刷製本／モリモト印刷(株)
ISBN978-4-906929-83-2　C1036　¥900E